は じ め に

　技能検定は、労働者の有する技能を一定の基準によって検定し、これを公証する国家検定制度であり、技能に対する社会一般の評価を高め、働く人々の技能と地位の向上を図ることを目的として、職業能力開発促進法に基づいて 1959 年（昭和 34 年）から実施されています。

　当研究会では、1975 年（昭和 50 年）から技能検定試験受検者の学習に資するため、過去に出題された学科試験問題（1・2 級）に解説を付して、「学科試験問題解説集」を発行しております。

　このたびさらに、平成 30・令和元・2 年度に出題された学科試験問題(注1)、ならびに直近 1 年分の実技試験問題(計画立案等作業試験は 2 年分を収録(注2))を「技能検定試験問題集（正解表付き）」として発行することになりました。

　本問題集が 1 級・2 級の技能士を目指して技能検定試験を受検される多くの方々にご利用いただき、大きな成果が上がることを祈念いたします。

　令和 3 年 8 月

一般社団法人 雇用問題研究会

注1）　令和 2 年度前期試験は実施されなかったた⋯　　　　　　　⋯については 2 年分（平成 30・31 年度）の学科試験問題を収録してい~~す~~。

注2）　シーケンス制御作業の令和 2 年度実技試験は実施されなかったため、計画立案等作業試験は 2 年分（平成 30・令和元年度）を収録しています。

目　　次

Ⅲ　正解表

技 能 検 定 の 概 要

1 技能検定試験の等級区分

技能検定試験は合格に必要な技能の程度を等級ごとに次のとおりに区分しています。

特　　級：検定職種ごとの管理者又は監督者が通常有すべき技能及びこれに関する知識の程度

1　　級：検定職種ごとの上級の技能労働者が通常有すべき技能及びこれに関する知識の程度

2　　級：検定職種ごとの中級の技能労働者が通常有すべき技能及びこれに関する知識の程度

3　　級：検定職種ごとの初級の技能労働者が通常有すべき技能及びこれに関する知識の程度

単一等級：検定職種ごとの上級の技能労働者が通常有すべき技能及びこれに関する知識の程度

※これらの他に外国人実習生等を対象とした基礎級があります。

2 検定試験の基準

技能検定は、実技試験及び学科試験によって行われています。

実技試験は、実際に作業などを行わせて、その技量の程度を検定する試験であり、学科試験は、技能の裏付けとなる知識について行う試験です。

実技試験及び学科試験は、検定職種の等級ごとに、それぞれの試験科目及びその範囲が職業能力開発促進法施行規則により、また、その具体的な細目が厚生労働省職業能力開発局長通達により定められています。

(1) 実技試験

実技試験は、実際に作業（物の製作、組立て、調整など）を行わせて試験する、製作等作業試験が中心となっており、検定職種の大部分のものについては、その課題が試験日に先立って公表されています。

試験時間は、1級、2級及び単一等級については原則として5時間以内、3級については3時間以内が標準となっています。

また、検定職種によっては、製作等作業試験の他、実際的な能力を試験するため、次のような判断等試験又は計画立案等作業試験が併用されることがあります。

① 判断等試験

　判断等試験は、製作等作業試験のみでは技能評価が困難な場合又は検定職種の性格や試験実施技術等の事情により製作等作業試験の実施が困難な場合に用いられるもので、例えば技能者として体得していなければならない基本的な技能について、原材料、模型、写真などを受検者に提示し、判別、判断などを行わせ、その技能を評価する試験です。

② 計画立案等作業試験

　製作等作業試験、判断等試験の一方又は双方でも技能評価が不足する場合に用いられるもので、現場における実際的、応用的な課題を、表、グラフ、文章などにより設問したものを受検者に提示し、計算、計画立案、予測などを行わせることにより技能の程度を評価する試験です。

(2) 学科試験

　学科試験は、単に学問的な知識を試験するものではなく、作業の遂行に必要な正しい判断力及び知識の有無を判定することに主眼がおかれています。また、それぞれの等級における試験の概要は次表のとおりです。

　この中で、真偽法は一つの問題文の正誤を回答する形式であり、五肢択一法及び四肢択一法は一つの問題文について複数の選択肢の中から一つを選択して回答する形式です。

■学科試験の概要

等級区分	試験の形式	問題数	試験時間
特　　級	五肢択一法	50題	2時間
1　　級	真偽法及び四肢択一法	50題	1時間40分
2　　級	真偽法及び四肢択一法	50題	1時間40分
3　　級	真偽法	30題	1時間
単一等級	真偽法及び四肢択一法	50題	1時間40分

3　技能検定の受検資格

　技能検定を受検するには、原則として検定職種に関する実務の経験が必要で、その年数は職業訓練歴、学歴等により異なっています（別表1参照）。

　この実務の経験の範囲には、現場での作業のみならず管理、監督、訓練、教育及び研究の業務や訓練又は教育を受けた期間が含まれます。

4 試験の実施日程

技能検定試験は職種ごとに前期、後期に分かれていますが、日程の概要は次のとおりです。

項	前 期	後 期
受付期間	4月上旬～中旬	10月上旬～中旬
実技試験	6月上旬～9月上旬	12月上旬～翌年2月中旬
学科試験	8月下旬～9月上旬の日曜日 3級は7月中旬～下旬の日曜日	翌年1月下旬～2月上旬の日曜日
合格発表	10月上旬、3級は8月下旬	翌年3月中旬

※日程の詳細については都道府県職業能力開発協会（連絡先等は別表2参照）にお問い合わせ下さい。

5 技能検定の実施体制

技能検定は厚生労働大臣が定めた、実施計画に基づいて行うものですが、その実施業務は、厚生労働大臣、都道府県知事、中央職業能力開発協会、都道府県職業能力開発協会等の間で分担されており、受検の受付及び試験の実施については、都道府県職業能力開発協会が行っています。

6 技能検定試験受検手数料

技能検定試験の受検手数料は「実技試験：18,200円」及び「学科試験：3,100円」を標準額として、職種ごとに各都道府県で決定しています（令和3年4月1日現在、都道府県知事が実施する111職種）。

なお、35歳未満の方は、2級又は3級の実技試験の受検手数料が最大9,000円減額されます。詳しくは都道府県職業能力開発協会にお問い合わせ下さい。

7 技能検定の合格者

技能検定の合格者には、厚生労働大臣名（特級、1級、単一等級）又は都道府県知事名等（2級、3級）の合格証明が交付され、技能士と称することができます。

別表1

技能検定の受検に必要な実務経験年数一覧
（都道府県知事が実施する検定職種）

（単位：年）

受 検 対 象 者 （※1）	特級	1 級		2 級		3 級 （※7）	基礎級 （※7）	単一等級
	1級合格後	2級合格後	3級合格後		3級合格後			
実務経験のみ		7		2		0 ※8	0 ※8	3
専門高校卒業 ※2 / 専修学校（大学入学資格付与課程に限る）卒業		6		0		0	0	1
短大・高専・高校専攻科卒業 ※2 / 専門職大学前期課程修了 / 専修学校（大学編入資格付与課程に限る）卒業		5		0		0	0	0
大学卒業（専門職大学前期課程修了者を除く） ※2 / 専修学校（大学院入学資格付与課程に限る）卒業		4		0		0	0	0
専修学校 ※3 又は各種学校卒業（厚生労働大臣が指定したものに限る。） 800時間以上	5	6	2	4	0	0 ※9	0 ※9	1
1600時間以上		5				0 ※9	0 ※9	0
3200時間以上		4				0 ※9	0 ※9	0
短期課程の普通職業訓練修了 ※4 ※10 700時間以上		6				0 ※6	0 ※6	1
普通課程の普通職業訓練修了 ※4 ※10 2800時間未満		6						
2800時間以上		4						0
専門課程又は特定専門課程の高度職業訓練修了 ※4 ※10	3	1	2	0		0	0	0
応用課程又は特定応用課程の高度職業訓練修了 ※10		1						
長期課程又は短期養成課程の指導員訓練修了 ※10		1 ※5		0 ※5				
職業訓練指導員免許取得		1						
長期養成課程の指導員訓練修了 ※10		0						

※１：検定職種に関する学科、訓練科又は免許職種に限る。

※２：学校教育法による大学、短期大学又は高等学校と同等以上と認められる外国の学校又は他法令学校を卒業した者並びに独立行政法人大学改革支援・学位授与機構により学士の学位を授与された者は学校教育法に基づくそれぞれのものに準ずる。

※３：大学入学資格付与課程、大学編入資格付与課程及び大学院入学資格付与課程の専修学校を除く。

※４：職業訓練法の一部を改正する法律（昭和53年法律第40号）の施行前に、改正前の職業訓練法に基づく高等訓練課程又は特別高等訓練課程の養成訓練を修了した者は、それぞれ改正後の職業能力開発促進法に基づく普通課程の普通職業訓練又は専門課程の高度職業訓練を修了したものとみなす。また、職業能力開発促進法の一部を改正する法律（平成４年法律第67号）の施行前に、改正前の職業能力開発促進法に基づく専門課程の養成訓練を修了した者は、専門課程の高度職業訓練を修了したものとみなし、改正前の職業能力開発促進法に基づく普通課程の養成訓練及び職業転換課程の能力再開発訓練（いずれも800時間以上のものに限る。）を修了した者はそれぞれ改正後の職業能力開発促進法に基づく普通課程又は短期課程の普通職業訓練を修了したものとみなす。

※５：短期養成課程の指導員訓練のうち、実務経験者訓練技法習得コースの修了者については、訓練修了後に行われる能力審査（職業訓練指導員試験に合格した者と同等以上の能力を有すると職業能力開発総合大学校の長が認める審査）に合格しているものに限る。

※６：総訓練時間が700時間未満のものを含む。

※７：3級及び基礎級の技能検定については、上記のほか、検定職種に関する学科に在学する者及び検定職種に関する学科において訓練を受けている者も受検できる。また、3級の技能検定については工業高等学校に在学する者等であって、かつ、工業高等学校の教員等による検定職種に係る講習を受講し、当該講習の責任者から技能検定試験受検に際して安全衛生上の問題等がないと判定されたものも受検できる。

※８：検定職種に関し実務の経験を有する者について、受検資格を認めることとする。

※９：当該学校が厚生労働大臣の指定を受けたものであるか否かに関わらず、受検資格を付与する。

※10：職業能力開発促進法第92条に規定する職業訓練又は指導員訓練に準ずる訓練の修了者においても、修了した職業訓練又は指導員訓練の訓練課程に応じ、受検資格を付与する。

別表2　**都道府県及び中央職業能力開発協会所在地一覧**

（令和3年4月現在）

協　会　名	郵便番号	所　在　地	電話番号
北海道職業能力開発協会	003-0005	札幌市白石区東札幌5条1-1-2　北海道立職業能力開発支援センター内	011-825-2386
青森県職業能力開発協会	030-0122	青森市大字野尻字今田43-1　青森県立青森高等技術専門校内	017-738-5561
岩手県職業能力開発協会	028-3615	紫波郡矢巾町大字南矢幅10-3-1　岩手県立産業技術短期大学校内	019-613-4620
宮城県職業能力開発協会	981-0916	仙台市青葉区青葉町16-1	022-271-9917
秋田県職業能力開発協会	010-1601	秋田市向浜1-2-1　秋田県職業訓練センター内	018-862-3510
山形県職業能力開発協会	990-2473	山形市松栄2-2-1	023-644-8562
福島県職業能力開発協会	960-8043	福島市中町8-2　福島県自治会館5階	024-525-8681
茨城県職業能力開発協会	310-0005	水戸市水府町864-4　茨城県職業人材育成センター内	029-221-8647
栃木県職業能力開発協会	320-0032	宇都宮市昭和1-3-10　栃木県庁舎西別館	028-643-7002
群馬県職業能力開発協会	372-0801	伊勢崎市宮子町1211-1	0270-23-7761
埼玉県職業能力開発協会	330-0074	さいたま市浦和区北浦和5-6-5　埼玉県浦和合同庁舎5階	048-829-2802
千葉県職業能力開発協会	261-0026	千葉市美浜区幕張西4-1-10	043-296-1150
東京都職業能力開発協会	101-8527	千代田区内神田1-1-5　東京都産業労働局神田庁舎5階	03-6631-6052
神奈川県職業能力開発協会	231-0026	横浜市中区寿町1-4　かながわ労働プラザ6階	045-633-5419
新潟県職業能力開発協会	950-0965	新潟市中央区新光町15-2　新潟県公社総合ビル4階	025-283-2155
富山県職業能力開発協会	930-0094	富山市安住町7-18　安住町第一生命ビル2階	076-432-9887
石川県職業能力開発協会	920-0862	金沢市芳斉1-15-15　石川県職業能力開発プラザ3階	076-262-9020
福井県職業能力開発協会	910-0003	福井市松本3-16-10　福井県職員会館ビル4階	0776-27-6360
山梨県職業能力開発協会	400-0055	甲府市大津町2130-2	055-243-4916
長野県職業能力開発協会	380-0836	長野市大字南長野南県町688-2　長野県婦人会館3階	026-234-9050
岐阜県職業能力開発協会	509-0109	各務原市テクノプラザ1-18　岐阜県人材開発支援センター内	058-260-8686
静岡県職業能力開発協会	424-0881	静岡市清水区楠160	054-345-9377
愛知県職業能力開発協会	451-0035	名古屋市西区浅間2-3-14　愛知県職業訓練会館内	052-524-2034
三重県職業能力開発協会	514-0004	津市栄町1-954　三重県栄町庁舎4階	059-228-2732
滋賀県職業能力開発協会	520-0865	大津市南郷5-2-14	077-533-0850
京都府職業能力開発協会	612-8416	京都市伏見区竹田流池町121-3　京都府立京都高等技術専門校内	075-642-5075
大阪府職業能力開発協会	550-0011	大阪市西区阿波座2-1-1　大阪本町西第一ビルディング6階	06-6534-7510
兵庫県職業能力開発協会	650-0011	神戸市中央区下山手通6-3-30　兵庫勤労福祉センター1階	078-371-2091
奈良県職業能力開発協会	630-8213	奈良市登大路町38-1　奈良県中小企業会館2階	0742-24-4127
和歌山県職業能力開発協会	640-8272	和歌山市砂山南3-3-38　和歌山技能センター内	073-425-4555
鳥取県職業能力開発協会	680-0845	鳥取市富安2-159　久本ビル5階	0857-22-3494
島根県職業能力開発協会	690-0048	松江市西嫁島1-4-5　SPビル2階	0852-23-1755
岡山県職業能力開発協会	700-0824	岡山市北区内山下2-3-10　アマノビル3階	086-225-1547
広島県職業能力開発協会	730-0052	広島市中区千田町3-7-47　広島県情報プラザ5階	082-245-4020
山口県職業能力開発協会	753-0051	山口市旭通り2-9-19　山口建設ビル3階	083-922-8646
徳島県職業能力開発協会	770-8006	徳島市新浜町1-1-7	088-663-2316
香川県職業能力開発協会	761-8031	高松市郷東町587-1　地域職業訓練センター内	087-882-2854
愛媛県職業能力開発協会	791-1101	松山市久米窪田町487-2　愛媛県産業技術研究所　管理棟2階	089-993-7301
高知県職業能力開発協会	781-5101	高知市布師田3992-4	088-846-2300
福岡県職業能力開発協会	813-0044	福岡市東区千早5-3-1　福岡人材開発センター2階	092-671-1238
佐賀県職業能力開発協会	840-0814	佐賀市成章町1-15	0952-24-6408
長崎県職業能力開発協会	851-2127	西彼杵郡長与町高田郷547-21	095-894-9971
熊本県職業能力開発協会	861-2202	上益城郡益城町田原2081-10　電子応用機械技術研究所内	096-285-5818
大分県職業能力開発協会	870-1141	大分市大字下宗方字古川1035-1	097-542-3651
宮崎県職業能力開発協会	889-2155	宮崎市学園木花台西2-4-3	0985-58-1570
鹿児島県職業能力開発協会	892-0836	鹿児島市錦江町9-14	099-226-3240
沖縄県職業能力開発協会	900-0036	那覇市西3-14-1	098-862-4278
中央職業能力開発協会	160-8327	新宿区西新宿7-5-25　西新宿プライムスクエア11階	03-6758-2859

電気機器組立て

実技試験問題

平成31年度技能検定

2級電気機器組立て（配電盤・制御盤組立て作業）

実技試験問題

次の注意事項に従って、課題1及び課題2を行いなさい。

1. 試験時間

課題番号	1	2
標準時間	4時間15分	
打切り時間	4時間45分	10分

2. 注意事項

(1) 課題図は、課題1、課題2とも日本工業規格(JIS C 0617)「電気用図記号」で表示しているので、これをもって作業を行う。

(2) 作業時には、作業に適した服装とする。作業帽は必ず着用する。

(3) 器具を破損した場合は、再支給しない。

(4) 支給された材料の品名、数量等が支給材料のとおりであるか確認する。

(5) 支給された材料に異常がある場合は、申し出る。

(6) 試験時間に標準時間と打切り時間が設けてあるが、標準時間を超えて作業を行った場合には、超過時間に応じて減点される。

・**課題1については、打切り時間前までに作業終了の申出がない場合は、失格になる。**

・**課題2については、打切り時間前までに解答用紙の提出がない場合は、失格になる。**

(7) 受検者間の私語及び工具の貸借を禁止する。

(8) 指定した工具・器材等以外の持込み、メモ等の持込み、及び課題2の試験ではこの試験問題の持込みを禁止する。

(9) 試験中は、携帯電話(電卓機能の使用も含む)等の使用を禁止する。

(10) 次の事項に該当した場合は、失格とする。

　　イ　試験放棄等（(6)参照）

　　ロ　機器操作、工具・材料の取扱い等について、そのまま継続すると機器・設備等の破損や怪我を招くおそれがある危険な行為であると技能検定委員が判断した場合、試験中にその旨を注意することがある。

　　　さらに、当該注意を受けてもなお、危険な行為を続けた場合は、試験を中断し、技能検定委員全員が試験継続不可と判断した場合は、失格とする。

　　　ただし、緊急性を伴うと判断された場合は、注意を挟まず、即中止（失格）とすることがある。

　　ハ　主要器具の未取付け、又は接続未了の箇所が 10 箇所以上の場合

(11) **この問題用紙に、事前に書込みをしてはならない。また、試験中に他の用紙にメモをしたものや参考書等を参照することは禁止とする。**

3. 課題1 組立て配線作業

与えられた器材を用いて、下記の仕様及び別に示す接続図により三相誘導電動機の制御盤を製作しなさい。

(1) 注意事項

試験時間に標準時間と打切り時間が設けてあるが、標準時間を超えて作業を行った場合には、超過時間に応じて減点される。また、作業が終了したら申出ること。**打切り時間前までに作業終了の申出がない場合は、失格になる。**

(2) 仕様

イ 盤提出方法

盤提出時には、配線用遮断器(MCCB-1・MCCB-2)、熱動継電器(49M)及び限時継電器(4MT・5MT)は、指定された位置にセットする。なお、予備ねじは、すべて適正なトルクで締付ける。

ロ 盤

盤のアース端子を端子台取付け用横さんに設ける。

ハ 器具取付け

① 盤は、あらかじめ器具取付け用の穴あけ加工したものを支給するので、器具はねじによる盤じか取付けとする。器具取付けには、モールド製品を除き、原則として平座金を使用しない。ただし、器具側にねじの頭がくるように取り付けることを原則とする。

② 表示灯の配置は、正面左から GN(停止)、OL(故障)、RD(運転)とし、押ボタンスイッチの配置も左から「停止」、「運転」とする。

③ DIN レールには、ミニチュアリレー(88MX)、限時継電器(4MT・5MT)を取り付け、器具の両端には止め金具を取り付ける。また、ミニチュアリレーと限時継電器の間には、試験会場での指示に従ってスペーサを入れる。なお、各種ソケットに本体を取り付ける場合には脱落防止金具で止める。

④ 端子台は、指定された端子台取付け用横さんに穴あけ加工して水平に取り付ける。なお、電動ドリル使用時は、保護めがねを着用するものとする。

⑤ 使用部品一覧表の番号に※印を付した器具は、盤表面取付けとする。

⑥ すべてのねじは、適切な長さのものを選び、目的に応じて適正に締め付ける。

⑦ 端子台(TB1・TB2・TB3)は「R・S・T」、「U・V・W」、「A1・A2・C1・C2・CM・A・B」、「E」をそれぞれ1群とし、群ごとに取付け順序、位置を決めて指示するものとする。具体的な取付け順序、上下左右位置は、試験開始直前に試験場で指示された図に従う。

		端子台取付け順序、上下位置										
	上部	下部										
例	R S T	U	V	W	A1	A2	C1	C2	CM	A	B	E
※指定												

(注) 指示された配置を※指定欄に記入し、それに従って作業する。

ニ　配線

① 配線は盤の裏面に行い、主回路と制御回路はダクト配線を基本とするが、近接した器具間の配線には省略してよい。ダクト配線については、下記の項目に従って実施する。

　a　ダクトは盤にじか取付けとし、あらかじめ穴あけ加工された穴に、ねじ止めとする。

　b　電線引出し口は、電線に傷が付かないように加工する。

　c　ダクト内のねじ頭は、絶縁テープ等で保護する。

　d　電線は、ダクトの側面、端面のどちらからでも出してよい。

　e　ダクト内では、束線及び折り返しはしない。

② 主回路には3.5mm²の電線を、制御回路には1.25mm²の電線を、CT回路及び接地線には2mm²の電線を用いる。

③ 主回路・制御回路は、束線バンド、糸、ひも等でそれぞれ別束に配線し、互いに接触させない。なお、CT回路及び接地線は制御回路配線と同一で配線してもよい。

④ 配線の端末は、下記の項目に従って実施する。

　a　端子台(TB1・TB2・TB3)及び圧着端子の器具に対しては、R形裸圧着端子を使用して接続する。R形裸圧着端子の締付けには、平座金を使用しない。ただし、器具に附属しているねじが平座金付きの場合はそのまま使用してよい。また、圧着端子の端末処理は図1による。なお、電線の引出し方向は問わない。

（電線1本接続の場合）

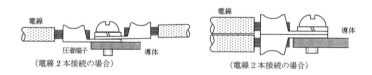

（電線2本接続の場合）　　　　　　　　　（電線2本接続の場合）

接続部品に応じて適切な接続を行うこと。

図1

　b　差込み端子の器具に対しては、図2による差込み接続とする(対象器具については試験会場で指示する。)。

（電線1本接続の場合）　　　　　（電線2本接続の場合）

図2

⑤ 盤の接地は、端子台取付け用横さんに図3に示すように塗膜をはく離し、接地端子(スタッド形)を用いて、接地線に接続する。

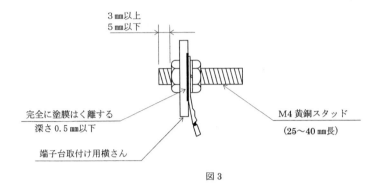

図3

⑥ 変圧器(計器用変圧器)に接地端子がある場合でも、接地回路への接続は不用とする。
⑦ 機器の端子配列は、盤の裏面から見て左から、第1相、第2相、第3相とする。
⑧ 端子記号は、端子台の記号紙に明確に記入する。
⑨ 配線作業は、支給された電線量の範囲で行う。
⑩ 配線材料が不足したときは追加支給する。ただし、電線については追加支給量に応じて減点する。

ホ　その他
　　注記していないものについては、日本工業規格(JIS)又は日本電機工業会規格(JEM)による。

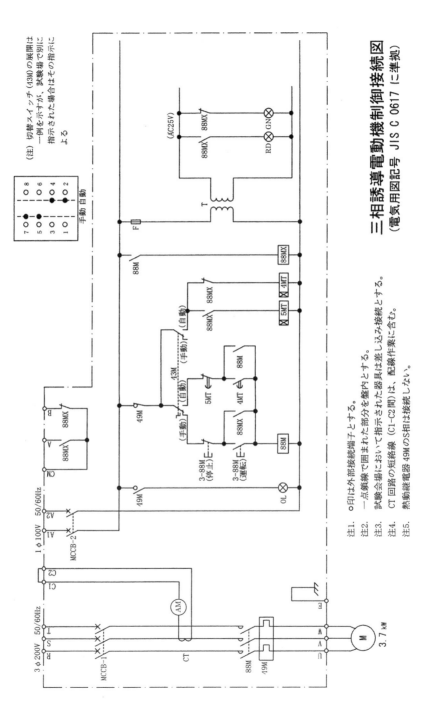

三相誘導電動機制御接続図
（電気用図記号 JIS C 0617 に準拠）

注1. ○印は外部接続端子とする。
注2. 一点鎖線で囲まれた部分を盤内とする。
注3. 試験会場において指示された器具は差し込み接続とする。
注4. CT回路の短絡線（C1-C2間）は、配線作業に合む。
注5. 熱動継電器 49M のS相は接続しない。

使用部品一覧表

番号	文字記号	用語	備考	番号	文字記号	用語	備考
1 ※	AM	交流電流計		13 ※	RD	表示灯(赤)	
2 ※	43M	切替スイッチ		14 ※	GN	表示灯(緑)	変圧器付き(又は抵抗付き)
3	MCCB-1	配線用遮断器		15 ※	OL	表示灯(橙)	
4	MCCB-2	配線用遮断器		16	T (VT)	変圧器(計器用変圧器)	440/110V 50VA 程度
5 ※	3-88M	押釦スイッチ	銘板付き(運転)	17	F	ヒューズ	包装ヒューズ
6 ※	3-88M	押釦スイッチ	銘板付き(停止)	18 ※	NP	銘板	
7	88M	電磁接触器		19 ♯	M	三相誘導電動機	AC200V 3.7kW
8	49M	熱動継電器					
9	88MX	ミニチュアリレー					
10	4MT	限時継電器					
11	5MT	限時継電器					
12	CT	変流器					

注1. ※印は盤表面取付け器具を示し、♯印は盤外取付け器具を示す。

注2. 差込接続用器具は試験会場で指示されるので、受検者は番号の右欄に○印を記入する。

組立て配線作業用盤見取図

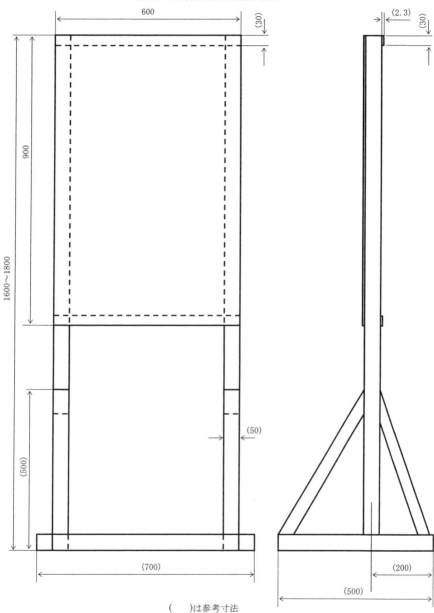

( )は参考寸法

盤面器具取付け穴位置配置図

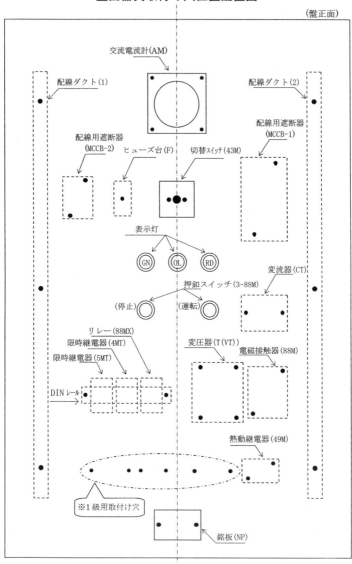

（盤正面）

交流電流計(AM)

配線ダクト(1)　　　　　　　　　　　　　配線ダクト(2)

配線用遮断器
(MCCB-1)

配線用遮断器
(MCCB-2)　ヒューズ台(F)　切替スイッチ(43M)

表示灯

GN　OL　RD

変流器(CT)

押釦スイッチ(3-88M)

(停止)　　(運転)

リレー(88MX)
限時継電器(4MT)　　　　　変圧器(T(VT))
限時継電器(5MT)　　　　　電磁接触器(88M)

DINレール

熱動継電器(49M)

※1級用取付け穴

銘板(NP)

注1　実線は表面器具、破線は裏面器具を示す。

注2　穴はすべてキリ穴とする。

注3　※印は1級用の取付け穴につき、2級では使用しない。

支給材料

NO.	品　名	文字記号	仕　様	数量	備　考
1	交流電流計	AM	埋込み形　0〜20〜60A、幅 110mm 程度	1	
2	切替スイッチ	43M	回転形、銘板(手動・自動)付き、接点 2a2b	1	
3	配線用遮断器	MCCB-1	3 極、AC220V、50AF、30AT、裏面取付け用	1	
4	配線用遮断器	MCCB-2	2 極、AC110V、10AT、裏面取付け用	1	サーキットプロテクタでも可
5	押釦スイッチ	3-88M	銘板(運転)付き、接点 2a2b	1	釦色は原則として黒
6	押釦スイッチ	3-88M	銘板(停止)付き、接点 2a2b	1	釦色は原則として黒
7	電磁接触器	88M	主接点：3a、補助接点 2a2b、3.7kW 用(AC200V)　コイル：AC100V、50Hz 又は 60Hz	1	
8	熱動継電器	49M	2 素子、3.7kW用(AC200V)、接点 1a1b 又は 1c	1	
9	ミニチュアリレー	88MX	4C 接点付き、AC100V、50Hz 又は 60Hz	1	ソケット、脱落防止金具付き
10	限時継電器	4MT	接点 1C、AC100V、50Hz 又は 60Hz、60 秒程度	1	ソケット、脱落防止金具付き
11	限時継電器	5MT	接点 1C、AC100V、50Hz 又は 60Hz、60 秒程度	1	ソケット、脱落防止金具付き
12	変流器	CT	100AT/5A(貫通型)又は 20/5A、5VA 程度	1	貫通型を使用した場合は、5 回巻(貫通数)とする。
13	表示灯	RD	AC24V 用(30V、2W 球使用)、グローブ(赤)	1	18V、2W 球使用は不可
14	表示灯	GN	AC24V 用(30V、2W 球使用)、グローブ(緑)	1	18V、2W 球使用は不可
15	表示灯	OL	AC100V 用、変圧器付又は抵抗付、グローブ(橙)	1	
16	変圧器(計器用変圧器)	T (VT)	440V/110V 又は 100V/25V、50VA 程度	1	
17	ヒューズ及びヒューズ台	F	包装ヒューズ、1A 程度	1	
18	銘板	NP	70mm×50mm 程度	1	
19	DIN レール		150mm 程度	1	
20	止め金具			2	DIN レール用
21	スペーサ			1式	DIN レール用
22	端子台	TB1・TB2	3〜4 点	端子ねじ寸法：M4、カバーなし	2
		TB3	12 点	R 形裸圧着端子接続用	1

NO.	品 名	文字記号	仕 様	数量	備 考
23	接地端子(スタッド形)		M4 黄銅ボルト(25～40mm 長)、ナットを含む	1式	電線締付け用ナットは緑色表示のこと
24	R 形裸圧着端子		1.25mm²、2mm²、3.5mm² 電線用	適宜	JIS C 2805 器具の端子に適合するもの
25	600V ビニル電線(IV)		3.5mm²(7/0.8)黄	8m	
			2mm²(7/0.6)黄	5m	
			2mm²(7/0.6)緑	0.5m	
			1.25mm²(7/0.45)黄	30m	
26	ダクト		25mm×60mm 程度、長さ1m	2本	ダクトカバー付き
27	盤		端子台取付け用横さん (30)×(600)×(2.3t) 2枚含む。( )は参考寸法 ※端子台及び接地端子取付け穴は加工されていないものとする。	1式	
28	固定用ねじ類		ねじ、平座金、スプリングワッシャ、ナット	1式	

2級電気機器組立て（配電盤・制御盤組立て作業）実技試験使用工具等一覧表

1　受検者が持参するもの

作業別	区分	品　名	仕　様	数量	備　考
組立て配線材料	工具等	電動ドリル	AC100V用又は充電式、φ13mm以下のきり付	1式	塗装はく離用を含む。
		ダクト加工用工具		1式	ダクト切断用、開口作業用 等
		ドライバ	プラス中・小 マイナス中・小	各1	電動ドライバ可
		ペンチ		1	
		ラジオペンチ		1	
		やっとこ		1	
		ニッパ		1	
		プライヤ		1	
		モンキスパナ		1	
		スパナ	M3〜M12mm用	1式	ボックススパナでもよい。
		ワイヤストリッパ		1	
		圧着工具	1.25mm^2、2mm^2、3.5mm^{2}用ラチェット付	1式	R形裸圧着端子用
		ナイフ		1	
		はさみ		1	
		ハンマ		1	
		ポンチ		1	自動ポンチ可
		組ヤスリ		1組	
		スケール	直尺150〜1000mm程度	大小各1	
		鋼製巻尺		1	
		配線点検用具		1	ブザー、テスタ、ランプ等
		腰バンド		1	
		筆記用具	消しゴムを含む	適宜	
		保護めがね		1	
		ハケ		適宜	
		作業服	作業に適したもの（作業帽を含む）	1式	
	器材	束配線材	糸、ひも、束線バンド等	適宜	
		絶縁テープ	ダクト取付けねじ頭保護用	適宜	
その他	飲料			適宜	熱中症対策、水分補給用

注1　工具等の仕様欄で、明示していないものは適宜とする。

注2　上記の数量は、最低所要数量を示したもので、予備を持参してさしつかえない。

注3　電動ドリル・電動ドライバ（充電器、予備電池を含む）を除き、他の工具は電動のものを使用してはならない。

注4　上記以外の工具、メモ等は、試験場に持ち込んではならない。

注5　飲料については、受検者が各自で試験当日の天候、気温等を考慮の上、熱中症対策、水分補給用として、適宜、持参すること。

2　試験場に準備してあるもの

(1)　課題1用

品名	規格	数量(主として1人当たり)	備考
盤	端子台取付け用横さん (30)×(600)×(2.3t) 2枚含む (　)は参考寸法 ※端子台及び接地端子取付け穴は加工されていないものとする。	1式	
作業台		1	
テーブルタップ	2極　AC100V	1	
掃除道具		1式	

(2)　課題2用

品名	規格	数量(主として1人当たり)	備考
盤		1	
テスタ	クリップ付き	適宜	

4. 課題2・配線点検作業

テスタを用いて、下図のような配線点検盤回路のスイッチの入切を点検しなさい。

なお、解答は、当日配付される解答用紙に記入するものとし、終了後、技能検定委員の指示に従い、提出しなさい。

課	題

打切り時間前までに解答用紙の提出がない場合は、失格になるので注意のこと。

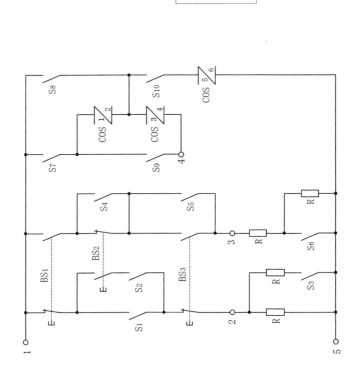

COS 展開図

[注意事項]

① 盤表面に出ている○印端子 1～5 にテスタを当て、押しボタンスイッチ BS₁～₃ または切替スイッチ COS を操作して点検する。なお、抵抗 R は、すべて同じ抵抗値である。

② 切替スイッチ COS のノッチの中間で点検しない。なお、切替スイッチ COS の展開図は図のとおりである。

③ 解答の種類は「入」、「切」、「不明」の 3 種類とし、正しいと判断したものを○で囲む。なお、不明とは、受検者がわからないという意味でなく、与えられた条件では判断できないものをいう。

④ 同じスイッチ番号の中で、二つ以上の○印をつけない。

解 答

スイッチ	解		答
S₁	入	切	不明
S₂	入	切	不明
S₃	入	切	不明
S₄	入	切	不明
S₅	入	切	不明
S₆	入	切	不明
S₇	入	切	不明
S₈	入	切	不明
S₉	入	切	不明
S₁₀	入	切	不明

セット No(受検者は記入しない)

受検番号	氏　名

平成３１年度技能検定

１級電気機器組立て(配電盤・制御盤組立て作業)

実技試験問題

次の注意事項に従って、課題１及び課題２を行いなさい。

1. 試験時間

課題番号	1	2
標準時間	4時間15分	
打切り時間	4時間45分	15分

2. 注意事項

(1) 課題図は、課題1、課題2とも日本工業規格(JIS C 0617)「電気用図記号」で表示しているので、これをもって作業を行う。

(2) 作業時には、作業に適した服装とする。作業帽は必ず着用する。

(3) 器具を破損した場合は、再支給しない。

(4) 支給された材料の品名、数量等が支給材料のとおりであるか確認する。

(5) 支給された材料に異常がある場合は、申し出る。

(6) 試験時間に標準時間と打切り時間が設けてあるが、標準時間を超えて作業を行った場合には、超過時間に応じて減点される。

　・課題１については、打切り時間前までに作業終了の申出がない場合は、失格になる。

　・課題２については、打切り時間前までに解答用紙の提出がない場合は、失格になる。

(7) 受検者間の私語及び工具の貸借を禁止する。

(8) 指定した工具・器材等以外の持込み、メモ等の持込み、及び課題2の試験ではこの試験問題の持込みを禁止する。

(9) 試験中は、携帯電話(電卓機能の使用も含む)等の使用を禁止する。

(10) 次の事項に該当した場合は、失格とする。

　イ　試験放棄等（（6）参照）

　ロ　機器操作、工具・材料の取扱い等について、そのまま継続すると機器・設備等の破損や怪我を招くおそれがある危険な行為であると技能検定委員が判断した場合、試験中にその旨を注意することがある。

さらに、当該注意を受けてもなお、危険な行為を続けた場合は、試験を中断し、技能検定委員全員が試験継続不可と判断した場合は、失格とする。

ただし、緊急性を伴うと判断された場合は、注意を挟まず、即中止（失格）とすることがある。

ハ　主要器具の未取付け、又は接続未了の箇所が10箇所以上の場合

(11) この問題用紙に、事前に書込みをしてはならない。また、試験中に他の用紙にメモをしたものや参考書等を参照することは禁止とする。

3. 課題1　組立て配線作業

　与えられた器材を用いて、下記の仕様及び別に示す接続図により三相誘導電動機の制御盤を製作しなさい。

(1)　注意事項

　　試験時間に標準時間と打切り時間が設けてあるが、標準時間を超えて作業を行った場合には、超過時間に応じて減点される。また、作業が終了したら申出ること。**打切り時間前までに作業終了の申出がない場合は、失格になる。**

(2)　仕様

　イ　盤提出方法

　　　盤提出時には、配線用遮断器(MCCB-1・MCCB-2)、熱動継電器(49M)および限時継電器(4MT・5MT)は、指定された位置にセットする。なお、予備ねじは、すべて適正なトルクで締め付ける。

　ロ　盤

　　　盤のアース端子を端子台取付け用横さんに設ける。

　ハ　器具取付け

　　①　盤は、あらかじめ器具取付け用の穴あけ加工したものを支給するので、器具はねじによる盤じか取付けとする。器具取付けには、モールド製品を除き、原則として平座金を使用しない。ただし、器具側にねじの頭がくるように取り付けることを原則とする。

　　②　表示灯の配置は、正面左から GN(停止)、OL(故障)、RD(運転)とし、押ボタンスイッチの配置も左から「停止」、「運転」とする。

　　③　DIN レールには、ミニチュアリレー(88MX)、限時継電器(4MT・5MT)を取り付け、器具の両端には止め金具を取り付ける。また、ミニチュアリレーと限時継電器の間には、試験会場での指示に従ってスペーサを入れる。なお、各種ソケットに本体を取り付ける場合には脱落防止金具で止める。

　　④　端子台は、指定された端子台取付け用横さんに穴あけ加工して水平に取り付ける。なお、はんだ付け及び電動ドリル使用時は、保護めがねを着用するものとする。

　　⑤　使用部品一覧表の番号に※印を付した器具は、盤表面取付けとする。

　　⑥　すべてのねじは、適切な長さのものを選び、目的に応じて適正に締め付ける。

　　⑦　端子台(TB1・TB2・TB3)は「R・S・T」、「U・V・W」、「A1・A2・C1・C2・CM・A・B」、「E」をそれぞれ1群とし、群ごとに取付け順序、位置を決めて指示するものとする。具体的な取付け順序、上下左右位置は、試験開始直前に試験場で指示された図に従う。

	端子台取付け順序、上下位置											
	上部			下部								
例	R	S	T	U	V	W	A1	A2	C1	C2	CM	A	B	E
※指定												

　　注　指示された配置を※指定欄に記入し、それに従って作業する。

⑧ 電子部品取付け板(ラグ板)は、下記要領にて組立てを実施する。

 a ラグ板は、スタッドによって盤裏面より30mm以上離して取り付ける。

 b ラグ板には、抵抗(R)・定電圧ダイオード(D5〜D7)を取り付ける。

 c 抵抗(R)・定電圧ダイオード(D5〜D7)は、図1に示すようにそれらのリード線を垂直に折り曲げ、A、Bの直線部分はそれぞれ2mm以上とし、A、Bの差は5mm以下、またラグ板との間は8mm以上15mm以下となるように取り付ける。

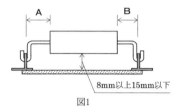

図1

二　配線

① 配線は盤の裏面に行い、主回路と制御回路はダクト配線を基本とするが、近接した器具間の配線には省略してよい。ダクト配線については、下記の項目に従って実施する。

 a ダクトは盤にじか取付けとし、あらかじめ穴あけ加工された穴に、ねじ止めとする。

 b 電線引出し口は、電線に傷が付かないように加工する。

 c ダクト内のねじ頭は、絶縁テープ等で保護する。

 d 電線は、ダクトの側面、端面のどちらからでも出してよい。

 e ダクト内では、束線及び折返しはしない。

② 主回路には 3.5mm² の電線を、制御回路には 1.25mm² の電線を、CT 回路及び接地線には 2mm² の電線を用いる。

③ 主回路・制御回路は、束線バンド、糸、ひも等でそれぞれ別束に配線し、互いに接触させないこと。なお、CT 回路及び接地線は制御回路配線と同一で配線してもよい。

④ 配線の端末は、下記の項目に従って実施する。

 a 端子台(TB1・TB2・TB3)及び圧着端子の器具に対しては、R形裸圧着端子を使用して接続する。R形裸圧着端子の締付けには、平座金を使用しない。ただし、器具に附属しているねじが平座金付きの場合はそのまま使用してよい。また、圧着端子の端末処理は図2による。なお、電線の引出し方向は問わない。

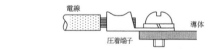

(電線１本接続の場合)

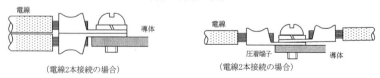

(電線2本接続の場合)　　(電線2本接続の場合)

接続部品に応じて適切な接続を行うこと。

図2

　b　差込み端子の器具に対しては、図3による差込み接続とする(対象器具については試験会場で指示する。)。

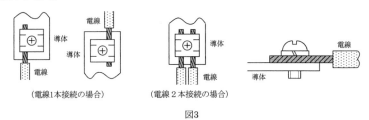

（電線1本接続の場合）　　　　（電線2本接続の場合）

図3

　c　はんだ付けの器具(ラグ板)に対しては、はんだ付け接続とする。

⑤　盤の接地は、端子台取付け用横さんに図4に示すように塗膜をはく離し、接地端子(スタッド形)を用いて、接地線に接続する。

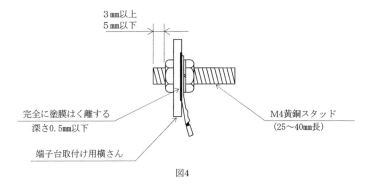

図4

⑥　変圧器(計器用変圧器)に接地端子がある場合でも、接地回路への接続は不用とする。

⑦　抵抗(R)・定電圧ダイオード(D5～D7)は、電子部品取付け板(ラグ板)に、はんだ付け接続により取り付ける。なお、ラグ板のはんだ付け作業は図5に示すように実施する。
　　また、はんだ付け作業時は、保護めがねを着用するものとする。

　a　ラグ板見取図(参考図)
　　　図5は、参考図であり、会場ごとに用意されているラグ板を使用すること。

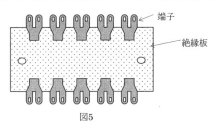

図5

b　部品のリード線は、図6に示すように、端子へ密着させてひっかけからげ、又は巻付けからげ接続で行う。

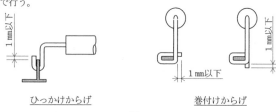

ひっかけからげ　　　　　　巻付けからげ

図6

c　電線のラグ板端子接続は、図7に示すように、端子へ密着させてひっかけからげ、又は巻付けからげ接続で行う。

ひっかけからげ　　　　　　巻付けからげ

図7

d　はんだ付けは、はんだが接合金属の表面によく流れ、はんだの適量のぬれ性があること。はんだ付け作業でビニル電線の表面に傷をつけたり、他の部品をいためたりしてはならない。

e　端子のはんだ付けの量は、図8(良)に例示するように実施する。

（良）　　　　　　　　（不良）　　　　　　　　（不良）
標準　　　　　　　　　不足　　　　　　　　　過剰

図8

注1　標準とは、はんだが折り曲げ(巻付け)た線の全面をおおい、かつ、線の形がわかるもの

注2　不足とは、はんだの量が不足し、線の全面がおおわれていないもの

注3　過剰とは、はんだの量が多過ぎて線の形がわからないもの

⑧　機器の端子配列は、盤の裏面から見て左から、第１相、第２相、第３相とする。

⑨　端子記号は、端子台の記号紙に明確に記入する。

⑩　配線作業は、支給された電線量の範囲で行う。

⑪　配線材料が不足したときは追加支給する。ただし、電線については追加支給量に応じて減点する。

ホ　その他

注記していないものについては、JIS(日本工業規格)又はJEM(日本電機工業会規格)による。

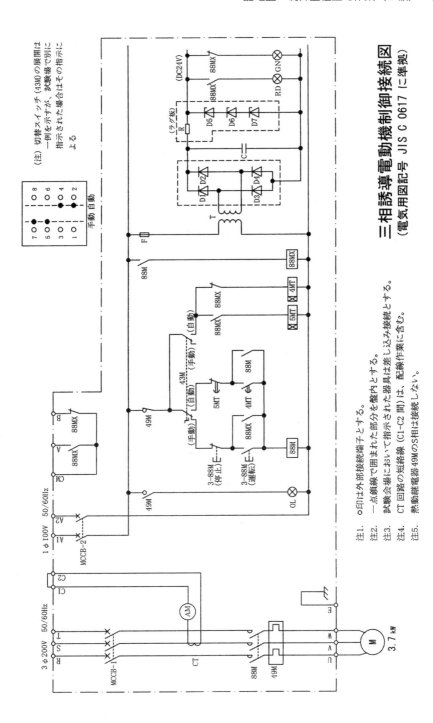

三相誘導電動機制御接続図
（電気用図記号 JIS C 0617 に準拠）

注1. ○印は外部接続端子とする。
注2. 一点鎖線で囲まれた部分を盤内とする。
注3. 試験会場において指示された器具は差し込み接続とする。
注4. CT回路の短絡線（C1-C2間）は、配線作業に含む。
注5. 熱動継電器49MのS相は接続しない。

(注) 切替スイッチ（43M）の展開は一例を示すが、試験場で別に指示された場合はその指示による。

使用部品一覧表

番号		文字記号	用語	備考
1	※	AM	交流電流計	
2	※	43M	切替スイッチ	
3		MCCB-1	配線用遮断器	
4		MCCB-2	配線用遮断器	
5	※	3-88M	押釦スイッチ	銘板付き(運転)
6	※	3-88M	押釦スイッチ	銘板付き(停止)
7		88M	電磁接触器	
8		49M	熱動継電器	
9		88MX	ミニチュアリレー	
10		4MT	限時継電器	
11		5MT	限時継電器	
12		CT	変流器	

番号		文字記号	用語	備考
13	※	RD	表示灯(赤)	
14	※	GN	表示灯(緑)	
15	※	OL	表示灯(橙)	変圧器付き(又は抵抗付き)
16		T (VT)	変圧器(計器用変圧器)	440/110V 50VA程度
17		F	ヒューズ	包装ヒューズ
18		D1～D4	ダイオードスタック	2A 以上
19		D5～D7	定電圧ダイオード	7～10V 1W以上
20		C	コンデンサ	DC50V以上 500～5000μF
21		R	抵抗	2W、100～120Ω
22	※	NP	銘板	
23	#	M	三相誘導電動機	AC200V 3.7kW

注 1. ※印は盤表面取付け器具を示し、#印は盤外取付け器具を示す。

注 2. 差込接続用器具は試験会場で指示されるので、受検者は番号の右欄に○印を記入する。

組立て配線作業用盤見取図

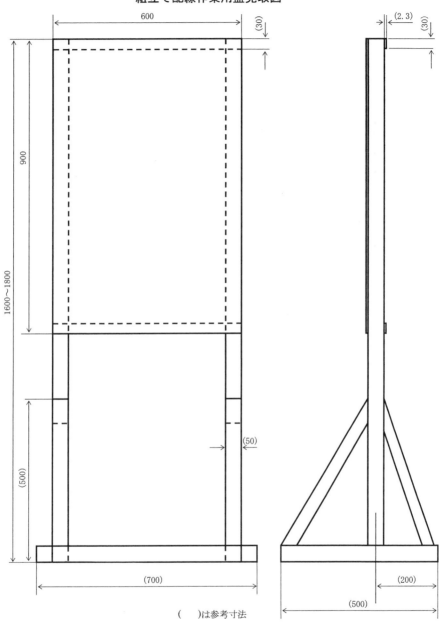

( )は参考寸法

盤面器具取付け穴位置配置図

(盤正面)

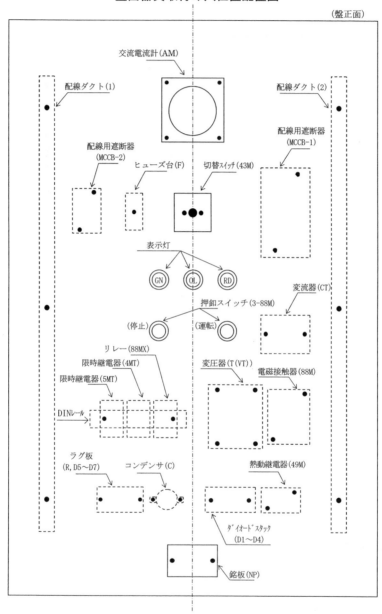

注1　実線は表面器具、破線は裏面器具を示す。

注2　穴はすべてキリ穴とする。

支給材料

NO.	品　　名	文字記号	仕　　　　様	数量	備　　考
1	交流電流計	AM	埋込み形 0〜20〜60A、幅110mm程度	1	
2	切替スイッチ	43M	回転形、銘板(手動・自動)付き、接点2a2b	1	
3	配線用遮断器	MCCB-1	3極、AC220V、50AF、30AT、裏面取付け用	1	
4	配線用遮断器	MCCB-2	2極、AC110V、10AT、裏面取付け用	1	サーキットプロテクタでも可
5	押釦スイッチ	3-88M	銘板(運転)付き、接点2a2b	1	釦色は原則として黒
6	押釦スイッチ	3-88M	銘板(停止)付き、接点2a2b	1	釦色は原則として黒
7	電磁接触器	88M	主接点：3a、補助接点:2a2b、3.7kW用(AC 200V)コイル：AC100V、50Hz又は60Hz	1	
8	熱動継電器	49M	2素子、3.7kW用(AC200V)、接点1a1b又は1c	1	
9	ミニチュアリレー	88MX	4C接点付き、AC100V、50Hz又は60Hz	1	ソケット、脱落防止金具付き
10	限時継電器	4MT	接点1C、AC100V、50Hz又は60Hz、60秒程度	1	ソケット、脱落防止金具付き
11	限時継電器	5MT	接点1C、AC100V、50Hz又は60Hz、60秒程度	1	ソケット、脱落防止金具付き
12	変流器	CT	100AT/5A(貫通型)又は20/5A、5VA程度	1	貫通型を使用した場合は、5回巻(貫通数)とする。
13	表示灯	RD	DC24V用(30V、2W球使用)、グローブ(赤)	1	18V、2W球使用は不可
14	表示灯	GN	DC24V用(30V、2W球使用)、グローブ(緑)	1	18V、2W球使用は不可
15	表示灯	OL	AC100V用、変圧器付又は抵抗付、グローブ(橙)	1	
16	変圧器(計器用変圧器)	T(VT)	440V/110V又は100V/25V、50VA程度	1	
17	ヒューズ 及びヒューズ台	F	包装ヒューズ、1A程度	1	
18	ダイオードスタック	D1〜D4	2A 以上	1	ダイオード4個を端子台に組込んだものでもよい。
19	定電圧ダイオード	D5〜D7	7〜10V、1W以上	3	
20	コンデンサ	C	DC50V以上、500〜5000μF	1	

NO.	品　　名	文字記号	仕　　　　様		数量	備　　考
21	抵抗	R	2W、100〜120Ω		1	
22	銘板	NP	70mm×50mm程度		1	
23	ラグ板		5端子以上(R、D5〜D7はんだ付け用)		1	
24	DINレール		150mm程度		1	
25	止め金具				2	DINレール用
26	スペーサ				1式	DINレール用
27	端子台	TB1・TB2	3〜4点	端子ねじ寸法：M4 カバーなし R形裸圧着端子接続用	2	
		TB3	12点		1	
28	接地端子 (スタッド形)		M4黄銅スタッド(25〜40mm長)、ナットを含む		1式	電線締付け用ナットは緑色表示のこと
29	R形裸圧着端子		1.25mm², 2mm², 3.5mm² 電線用		適宜	JIS　C2805 器具の端子に適合するもの
30	600Vビニル 電線(IV)		3.5mm²(7/0.8)黄		8m	
			2mm²(7/0.6)黄		5m	
			2mm²(7/0.6)緑		0.5m	
			1.25mm²(7/0.45)黄		30m	
31	ラグ板取付 スタッド		30mm程度、ボルト(45mm程度)、ナット類を含む		2	
32	ダクト		25mm×60mm程度、長さ1m		2本	ダクトカバー付き
33	盤		端子台取付け用横さん (30)×(600)×(2.3t)2枚含む (　)は参考寸法 ※端子台及び接地端子取付け穴は加工されていないものとする。		1式	
34	固定用ねじ類		ねじ、平座金、スプリングワッシャ、ナット		1式	

1級電気機器組立て（配電盤・制御盤組立て作業）実技試験使用工具等一覧表

1 受検者が持参するもの

作業別	区分	品　名	仕　様	数量	備　考
組立て配線材料	工具等	電動ドリル	AC100V用又は充電式、φ13mm以下のきり付	1式	塗装はく離用を含む
		ダクト加工用工具		1式	ダクト切断用、開口作業用 等
		ドライバ	プラス中・小マイナス中・小	各1	電動ドライバ可
		ペンチ		1	
		ラジオペンチ		1	
		やっとこ		1	
		ニッパ		1	
		プライヤ		1	
		モンキスパナ		1	
		スパナ	M3〜M12mm用	1式	ボックススパナでもよい。
		ワイヤストリッパ		1	
		圧着工具	1.25mm²、2mm²、3.5mm²用ラチェット付	1式	R形裸圧着端子用
		はんだごて	鉛フリー対応のはんだごて	1式	電子部品組立て用。適切な熱容量と、こて先温度を有し、こて台等を含む。
		ピンセット		1	
		ナイフ		1	
		はさみ		1	
		ハンマ		1	
		ポンチ		1	自動ポンチ可
		組ヤスリ		1組	
		スケール	直尺150〜1000mm程度	大小各1	
		鋼製巻尺		1	
		配線点検用具		1	ブザー、テスタ、ランプ等
		腰バンド		1	
		筆記用具	消しゴムを含む	適宜	
		保護めがね		1	
		ハケ		適宜	
		作業服	作業に適したもの（作業帽を含む）	1式	

作業別	区分	品　名	仕　　様	数量	備　　考
	器材	はんだ	鉛フリー	適宜	
		束配線材	糸、ひも、束線バンド等	適宜	
		絶縁テープ	ダクト取付けねじ頭保護用	適宜	
その他	飲料			適宜	熱中症対策、水分補給用

注1　工具等の仕様欄で、明示していないものは適宜とする。

注2　上記の数量は、最低所要数量を示したもので、予備を持参してさしつかえない。

注3　電動ドリル・電動ドライバ（充電器、予備電池を含む）を除き、他の工具は電動のものを使用してはならない。

注4　上記以外の工具、メモ等は、試験場に持ち込んではならない。

注5　飲料については、受検者が各自で試験当日の天候、気温等を考慮の上、熱中症対策、水分補給用として、適宜、持参すること。

2　試験場に準備してあるもの

(1) 課題1用

品名	規格	数量(主として1人当たり)	備考
盤	端子台取付け用横さん (30)×(600)×(2.3t) 2枚含む (　)は参考寸法 ※端子台及び接地端子取付け穴は加工されていないものとする。	1式	
作業台		1	
テーブルタップ	2極　AC100V	1	
こて先温度計		若干	
掃除道具		1式	

(2) 課題2用

品名	規格	数量(主として1人当たり)	備考
盤		1	
テスタ	クリップ付き	適宜	

4. 課題2 配線点検作業

テスタを用いて、下図のような配線点検盤の抵抗回路およびリレー回路スイッチの入切を点検しなさい。
なお、解答は、当日配付される解答用紙の指示に従い記入するものとし、終了後、技能検定委員の指示に従い、提出しなさい。

課題

打切り時間前までに解答用紙の提出がない場合は、失格になるので注意のこと。

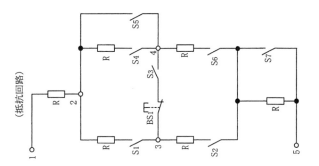

（リレー回路）

（抵抗回路）

－41－

1 抵抗回路は、盤表面に出ている○印端子1～5にテスタを当て、押しボタンスイッチBS_1を操作して点検する。

なお、抵抗Rは、すべて同じ抵抗値である。

2 リレー回路にはDC24Vの操作電圧が印加してあるから、押しボタンスイッチ$BS_{2\sim4}$の操作と表示灯SL_2およびSL_3の表示によってリレー回路を点検する。

3 解答の種類は「入」、「切」、「不明」の3種類とし、正しいと判断したものを○で囲む。なお、不明とは、受検者がわからないという意味でなく、与えられた条件では判断できないものをいう。

4 同じスイッチ番号の中で、二つ以上の○印をつけない。

セットNo(受検者は記入しない)

解答

スイッチ	解		答
S_1	入	切	不明
S_2	入	切	不明
S_3	入	切	不明
S_4	入	切	不明
S_5	入	切	不明
S_6	入	切	不明
S_7	入	切	不明

スイッチ	解		答
S_8	入	切	不明
S_9	入	切	不明
S_{10}	入	切	不明
S_{11}	入	切	不明
S_{12}	入	切	不明
S_{13}	入	切	不明

受検番号	氏名

令和元年度 技能検定
2級 電気機器組立て（シーケンス制御作業）
実技試験（製作等作業試験）問題

以下に示す事項により、作業を行いなさい。

1 試験時間　　標準時間：2時間　　　打切り時間：2時間20分

2 注意事項

（1）　試験会場においては、技能検定委員の指示に従って行動する。

（2）　不正な行為や他人の迷惑になる言動は行わない。

（3）　試験中に「実技試験問題概要」やメモ等を参照することは禁止する。

（4）　試験中に、工具等の貸し借りをしない。

（5）　与えられた試験用盤等は取扱いに注意し、損傷を与えない。
　　　　また、使用後は必ず元の場所に戻し、整理しておく。

（6）　配線図の電気用図記号は、JIS C 0617による。

（7）　「実技試験(製作等作業試験)問題」、「I/O割付表」及び「メモ用紙」には、受検番号及び氏名を必ず記入し、作業終了後必ず提出する。

（8）　試験開始前の部品等点検時間内に試験用盤に配置してある部品等を目視点検し、損傷等のある場合には技能検定委員に申し出て指示を受ける。また、配線後、各自I／Oの確認を行い、試験用盤に異常がある場合は申し出る。
　　　　なお、試験開始後は、原則として試験用盤に配置してある部品等の交換は行わないが、部品等を破損又は紛失した場合は技能検定委員に申し出る。

（9）　試験開始前に、技能検定委員の指示に従い、電源を配線しPLC本体及びプログラミングツールのプログラムを全消去する。

（10）　「3 試験課題」の作業が終わったら、部品及び工具等を整理整頓のうえ、挙手をして終了の合図をする。

（11）　作業終了時の整理整頓が悪い場合は、減点される。

（12）　試験時間内(打ち切り時間内)に終了の合図(挙手)が無い場合は、失格となる。

（13）　標準時間を超えて作業を行った場合、超過時間に応じて減点される。

（14）　技能検定委員の指示に従わなかった場合、不正行為があった場合などにおいても失格となることがある。

（15）　採点終了後、PLC本体及びプログラミングツールのプログラムを全消去する。

（16）　試験中は、携帯電話(電卓機能の使用を含む)等の使用は、禁止とする。

（17）　試験中は、無線LAN（Wi-Fi接続を含む）等を含む外部との通信を禁止とする。（使用した場合は、不正行為とみなし、失格とする。）

受検番号	氏　名

3 試験課題

　試験用盤と持参したＰＬＣを用いて、装置間の配線、プログラムの設計と入力、及び動作確認を行い、仕様を満足させなさい。
　文中の「押す」という表現は、押しボタンを押した後に直ちに放すことを意味する。

仕様1
　下線 「Ｉ／Ｏ割付」 に従って、装置間の配線を行う。入出力の配線は、7ページ*の「試験用盤の配線図」を参考にする。配線は適切な長さとし、試験用盤端子への接続は、圧着端子を使用してねじ止めする。端子台の同一箇所に2本配線する場合は、圧着端子を背面合わせにして接続する。指示された以外の配線は行ってはならない。（片側配線も含む）
＊本書では P.49

仕様2
①〜④の動作をするプログラムの設計と、入力及び動作確認を行う。

① 「ＳＳ０」の状態に関わらず、
　　「ＰＬ１」消灯状態で「ＰＢ１」を押すと、「ＰＬ１」が点灯する。【コンベア左行モード】
　　「ＰＬ１」点灯状態で「ＰＢ１」を押すと、「ＰＬ１」が消灯する。【コンベア右行モード】
　　「ＰＢ１」を押す度に、【コンベア左行モード】／【コンベア右行モード】の動作モードがオルタネイトに切り替わる。この動作モード切替えは「ＰＢ１」の操作以外で切り替わってはならない。
　　また、サイクル動作中又は「ＰＢ２」を押している間は切り替わってはならない。

② 「ＳＳ０」が"手動"の時は、「ＰＬ１」が点灯時に「ＰＢ２」を押している間、「コンベア」は左行する。ただし「パレット」がコンベア左端に到達後は「コンベア」が停止する。また「ＰＬ１」が消灯時に「ＰＢ２」を押している間、「コンベア」は右行する。ただし「パレット」がコンベア右端に到達後は、「コンベア」が停止する。「コンベア」が動作している間、「ＰＬ２」を点灯させる。「コンベア」は、「ＰＢ２」を押すこと以外で起動してはならない。

③ 「ＳＳ０」が"自動"の場合、「パレット」がコンベア右端にある時のみ、「ＰＢ２」を押すと、"サイクル動作"が起動し、（1）〜（6）の順序で1サイクル動作する。
　（1）「パレット」が左行する。
　（2）「パレット」がコンベア左端到達時にパレット番号（＜図1＞参照）を読み取る。その値が"6"以下の場合は、メモリに格納し、その値を「ＤＰＬ」（ＤＰＬ２が10^1の桁、ＤＰＬ１が10^0の桁）に表示する（＜図2＞参照）。
　（3）2秒間コンベアが停止する。
　（4）「パレット」が右行する。
　（5）「パレット」がコンベア左端を外れた時に、メモリに格納した値を4bit上位にシフトして「ＤＰＬ」（ＤＰＬ２が10^1の桁、ＤＰＬ１が10^0の桁）に表示する（＜図2＞参照）。
　（6）「パレット」が、コンベア右端到達後「コンベア」が停止し、"サイクル動作"が終了する。
　　"サイクル動作"中は、「ＰＬ２」を点灯させる。"サイクル動作"は、「ＰＢ２」を押すこと以外で起動してはならない。
　　"サイクル動作"が完了した時は、「ＤＰＬ」に"００"を表示する。

④「PB5」が押された場合、"サイクル動作"中に「SS0」が"手動"に切替えられた場合、又は、
パレット番号が"7"以上の場合は、異常として「コンベア」及び"サイクル動作"を即時に停止さ
せると共に「PL4」を点滅（0．5秒ON、0．5秒OFF）させる。また、「DPL」に"00"
を表示する。「PB4」を押すことにより、異常を解除し「PL4」を消灯させる。異常検出中（PL
4点滅時）は、「PB2」を押しても「コンベア」及び"サイクル動作"が起動してはならない。

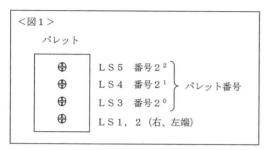

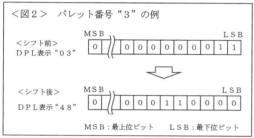

<　課題提出時の注意事項　>
提出時は、「PL1」～「PL4」は消灯の状態で提出すること。「DPL」の表示は不問。

2級 電気機器組立て（シーケンス制御作業）
実技試験（製作等作業試験）問題 使用工具等一覧表

1 受検者が持参するもの

区分	品 名	寸法・規格	数量	備 考
機材等	PLC（プログラミングツール及びツール接続ケーブル含む）	入力：DC24V 　16点以上 出力：接点式又は 　DC24Vオープンコレクタ式 　14点以上 （供給電源　AC100V）	1	次の演算機能を有するもの 論理・数値・タイマ・カウンタなど AC100V用の電源コード 1m程度を含む 他受検者との共用不可
	電線	0.3〜1.25mm² 電線色は問わない ねじ寸法3.5mm Y形圧着端子付き	40本程度	各1m程度 （配線図参照） I/Oの識別用マークは自由とする
工具類	ドライバ	＋ドライバ2番絶縁タイプ 端子台に応じたもの	1 適宜	電動式不可 電動式不可
	回路計(テスタ)		適宜	デジタル式可
その他	筆記用具		1式	

（注意事項）

1　AC電源部はむき出しにしない。（PLC、サーキットプロテクタのAC端子等。）

2　電線は束ねない。また、束ねた電線は使用禁止とする(フラットケーブル・多芯ケーブルは不可)。

3　PLCと試験用盤との接続が確認できること。

4　入出力モジュールの接続部は端子台が望ましい。

　（配線の片方がコネクタ式のPLCを使用する場合は、中継の端子台を設け、中継端子台と試験用盤の配線作業が1本ずつできるようにしておくこと。）

5　PLCの主電源がAC100V以外の場合、変換器を併せて持参すること。

6　PLCは、RUN状態で電源をOFF→ONした時、CPUが自動的にRUNするよう、予めスイッチやパラメータを設定しておくこと。

7　PLCは、メモリバックアップ用バッテリ等の有寿命部品の保守をし、電源OFFではバッテリバックアップ対象のメモリのデータが消えない状態であること。

2　試験場で準備されているもの

区分	品　名	寸法・規格	数量	備　考
機材	試験用盤	表示ランプ(DC24V 用)	5	金属製の盤の上に、部品が P6 図のように配置ずみ。*
		押しボタンスイッチ (自動復帰接点)	5	
		切換スイッチ	2	
		デジタルスイッチ 　1 桁(DC24V 用)	1	BCD 入力用
		7 セグメント LED 表示器 　2 桁(DC24V 用)	2	BCD 出力用
		配線用端子台	1	ねじ寸法 3.5mm
		DC24V 直流電源 (PLC の主電源としての使用不可)	1	
		サーキットプロテクタ	1	
		ミニチュアリレー	2	
		リレー用ソケット	2	
		コンベアキット(モーター付)	1式	
		マイクロスイッチ	5	
		AC100V3P コンセント(2 口)	1	予備用
		AC100V3P プラグ(1m)	1	電源用
その他	メモ用紙		適量	プログラム等記入用

＊本書では P.48

「試験用盤器具配置図」

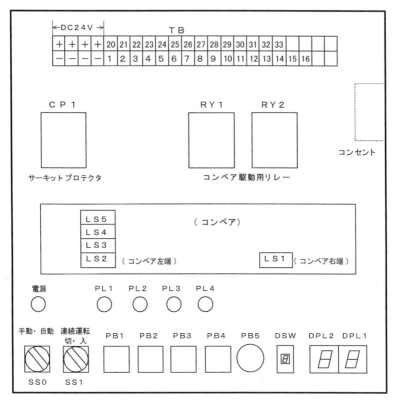

←DC24V→				T B																	
+	+	+	+	20	21	22	23	24	25	26	27	28	29	30	31	32	33				
−	−	−	−	1	2	3	4	5	6	7	8	9	10	11	12	13	14	15	16		

CP1

RY1　RY2

コンセント

サーキットプロテクタ　　　　　コンベア駆動用リレー

（コンベア）

LS5
LS4
LS3
LS2　（コンベア左端）

LS1　（コンベア右端）

電源　　PL1　PL2　PL3　PL4

手動・自動　連続運転
　　　　　切・入　　PB1　PB2　PB3　PB4　PB5　DSW　DPL2　DPL1

SS0　　SS1

パレット 平面図

移動方向　　　　　　　　　　移動方向

コンベア左端、右端検出用

TB	→	配線用端子台
RY1、2	→	ミニチュアリレー
LS1〜5	→	マイクロスイッチ
PB1〜5	→	押しボタンスイッチ
SS0、1	→	切換スイッチ
DSW	→	デジタルスイッチ
DPL1、2	→	7セグメントLED表示器
PL1〜4	→	表示ランプ
CP1	→	サーキットプロテクタ

「試験用盤の配線図」

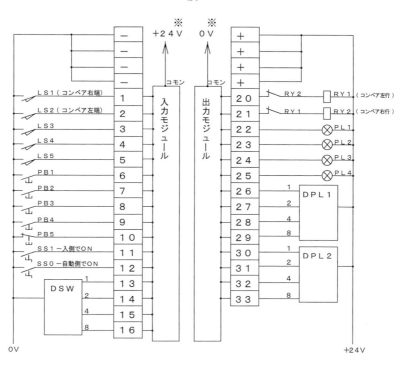

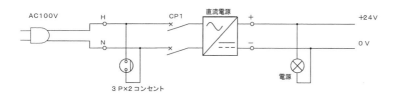

※持参する PLC に合わせて入出力モジュールが動作するように、適宜、電源配線を行うこと。

メモ用紙

受検番号	氏　名

令和元年度 技能検定
2級 電気機器組立て（シーケンス制御作業）
実技試験（計画立案等作業試験）問題

1 試験時間　　1時間

2 注意事項

(1) 係員の指示があるまで、この表紙はあけないでください。

(2) 解答用紙に、受検番号及び氏名を記入してください。

(3) 係員の指示に従って、この試験問題が表紙を含めて6ページであることを確認してください。それらに異常がある場合は、黙って手を挙げてください。

(4) 試験開始の合図で始めてください。

(5) 解答は、解答用紙の解答欄に記入してください。なお、要求している解答以外は記入しないでください。

(6) 試験中は、携帯電話(電卓機能の使用を含む)等の使用を禁止とします。

(7) 試験中、質問があるときは、黙って手を挙げてください。ただし、試験問題の内容、漢字の読み方等に関する質問には、お答えできません。

(8) 試験終了時刻前に解答ができあがった場合は、黙って手を挙げ、係員の指示に従ってください。

(9) 試験中に手洗いに立ちたいときは、黙って手を挙げて、係員の指示に従ってください。

(10) 試験終了の合図があったら、筆記用具を置き、係員の指示に従ってください。

(11) 試験終了後、解答用紙を提出してください。

(12) 計算等は、問題用紙の余白又は裏面を使用して行ってください。
　　なお、電子式卓上計算機を使用しても結構です。

3 試験に使用できる用具等一覧

区分	品　名	寸法又は規格	数量	備　考
用具等	筆　記　用　具		一式	
	電子式卓上計算機	電池式(太陽電池式含む)	1	関数電卓可(ただし、プログラム機能付きのものは不可)

問題1

　次の[ラダー図プログラム]及び[注意事項]に従って、解答用紙に示すタイムチャートを完成させなさい。

［ラダー図プログラム］

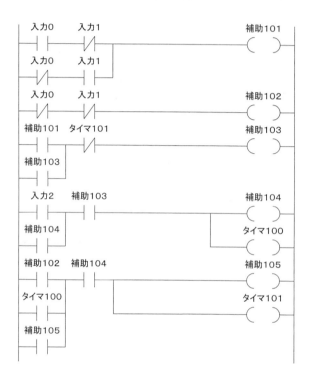

［注意事項］
　① タイマ100は3秒のオンディレイ
　② タイマ101は1秒のオンディレイ

問題 2

次の「処理内容1」及び「処理内容2」を参照して、FBDプログラムの[①]〜[⑧]内に当てはまる適切な命令語又は変数名を解答用紙の解答欄に記入しなさい。

「処理内容1」

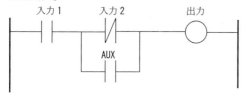

「処理内容2」

Data4 ＝ Data1 ＋ Data2 ÷ Data3

ただし、Data1,Data2,Data3,Data4 は INT 型データである。

Data1,Data2,Data3 は 1〜99 の範囲とする。

FBDプログラム

（＊処理内容1＊）

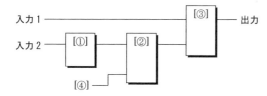

（＊処理内容2＊）

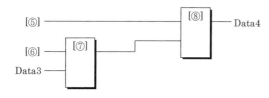

以下 JIS B3503 より抜粋

演算	ファンクション名	対象となるデータ型の例
算術演算	MUL , DIV , MOD , ADD , SUB	INT , DINT , UINT , UDINT
論理演算	NOT , AND , OR , XOR	BOOL , WORD , DWORD
比較	GT , GE , EQ , LE , LT , NE	INT , DINT , UINT , UDINT
選択	SEL , MAX , MIN	INT , DINT , UINT , UDINT

問題 3

　3つの装置（装置 A、B、C）を、2 台の PLC を使って制御する。つまり、2 台のうち 1 台の PLC では
2 つの装置を制御するシステム構成とする。

　ただし、右記に示す構成上の制約条件及び PLC の仕様の範囲内で構成が可能であること。

　以上を踏まえて、設問 1 及び設問 2 に答えなさい。

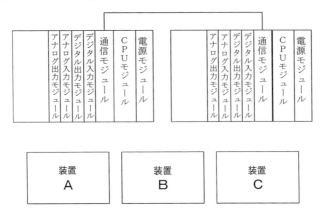

設問 1　以下の文章の(①)及び(②)内に当てはまる適切な記号(A~C)を、解答欄に記入しなさい。

　装置(①)と装置(②)が 1 台の PLC で制御される。

設問 2　設問 1 で選択した組合せの場合、その 1 台の PLC において最小限必要となるアナログ入力モジュ
　　　ール及びアナログ出力モジュールの合計数を解答欄に記入しなさい。

■構成上の制約条件

・ 1つの装置を複数の PLC で制御してはいけない。

・ 各 PLC 間は通信により接続されるが、PLC 間を通信で接続した場合、PLC 1台ごとに（制御用プログラムの他に）通信用プログラムが 30 キロステップ必要となる。

・ 入出力モジュールは点数の余裕や配線し易さ等を考慮せず、できるだけ最大仕様まで使用することで必要最小限の数で構成すること。

■ 各装置の制御に必要なプログラム容量と入出力点数

装置名		A	B	C
制御用プログラムのステップ数	単位：キロステップ	40	40	20
デジタル入力	単位：点	400	200	300
デジタル出力	単位：点	200	100	200
アナログ入力	単位：点	30	30	20
アナログ出力	単位：点	20	10	10

■ 使用する PLC の各モジュール仕様

PLC モジュール	仕様
CPU モジュール	プログラム容量は、最大 100 キロステップ 制御可能なデジタル入出力点数は、最大 1000 点 制御可能なアナログ入出力点数は、最大 100 点
デジタル入力モジュール	1モジュールあたり　最大　16点
デジタル出力モジュール	1モジュールあたり　最大　16点
アナログ入力モジュール	1モジュールあたり　最大　8点
アナログ出力モジュール	1モジュールあたり　最大　8点

（使用する PLC の各モジュールの仕様は、どの装置においても同じものとする。）

■ 装置ごとに1台の PLC を使用した場合のシステム構成

装置名		A	B	C
プログラムステップ数（通信用を含む）	単位：キロステップ	70	70	50
CPUモジュール	単位：モジュール	1	1	1
デジタル入力モジュール数	単位：モジュール	25	13	19
デジタル出力モジュール数	単位：モジュール	13	7	13
アナログ入力モジュール数	単位：モジュール	4	4	3
アナログ出力モジュール数	単位：モジュール	3	2	2
通信モジュール数	単位：モジュール	1	1	1

問題 4

以下の[ラダー図]を参照して次の[ST プログラムリスト]の[①]～[⑦]に当てはまる命令語又は変数名を、解答用紙の解答欄に記入しなさい。

[ST プログラムリスト]
　　[①] := (タイマ [②] NOT フリッカ) [③] (NOT [④] AND フリッカ) ;
　　[⑤] := (フリッカ OR [⑥]) AND [⑦] リセット ;

[ラダー図]

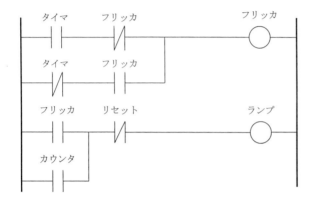

以下　JIS B3503　より抜粋

演算	記号	対象となるデータ型の例	使用例
代入	： ＝		A := 2 ;
括弧	（ 式 ）		A := (A+B)/2 ;
比較	＜ ＞ ＝ ＜＞ ＞＝	INT , DINT , UINT , UDINT	A >= 2 ;
数値演算	＋ － ＊ ／	INT , DINT , UINT , UDINT	A := A/2+B ;
論理演算	NOT , AND , OR , XOR	BOOL , WORD , DWORD	X := Y AND W ;
制御文	IF CASE FOR		

平成３０年度 技能検定
２級 電気機器組立て（シーケンス制御作業）
実技試験（計画立案等作業試験）問題

1 試験時間　　１時間

2 注意事項

(1) 係員の指示があるまで、この表紙はあけないでください。

(2) 解答用紙に、受検番号及び氏名を記入してください。

(3) 係員の指示に従って、この試験問題が表紙を含めて６ページであることを確認してください。それらに異常がある場合は、黙って手を挙げてください。

(4) 試験開始の合図で始めてください。

(5) 解答は、解答用紙の解答欄に記入してください。なお、要求している解答以外は記入しないでください。

(6) 試験中は、携帯電話(電卓機能の使用を含む)等の使用を禁止とします。

(7) 試験中、質問があるときは、黙って手を挙げてください。ただし、試験問題の内容、漢字の読み方等に関する質問には、お答えできません。

(8) 試験終了時刻前に解答ができあがった場合は、黙って手を挙げ、係員の指示に従ってください。

(9) 試験中に手洗いに立ちたいときは、黙って手を挙げて、係員の指示に従ってください。

(10) 試験終了の合図があったら、筆記用具を置き、係員の指示に従ってください。

(11) 試験終了後、解答用紙を提出してください。

(12) 計算等は、問題用紙の余白又は裏面を使用して行ってください。
　　 なお、電子式卓上計算機を使用しても結構です。

3 試験に使用できる用具等一覧

区分	品　名	寸法又は規格	数量	備　考
用具等	筆　記　用　具		一式	
	電子式卓上計算機	電池式(太陽電池含む)	1	関数電卓可(ただし、プログラム機能付きのものは不可)

問題1

次の[ラダー図プログラム]及び[注意事項]に従って、解答用紙に示すタイムチャートを完成させなさい。

[ラダー図プログラム]

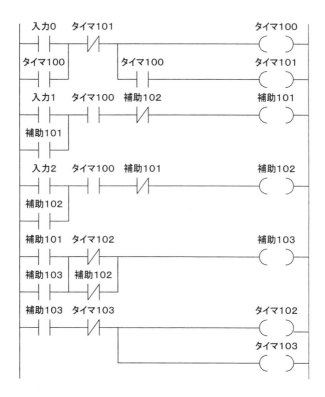

[注意事項]
① タイマ100は2秒のオンディレイ
② タイマ101は1秒のオンディレイ
③ タイマ102は2秒のオンディレイ
④ タイマ103は6秒のオンディレイ

問題2

次の「処理内容1」及び「処理内容2」を参照して、FBDプログラムの[①]～[⑧]内に当てはまる適切な命令語又は変数名を解答用紙の解答欄に記入しなさい。

「処理内容1」

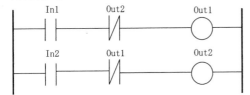

「処理内容2」

Data4 ＝ Data1 × Data2 ＋ Data3
ただし、Data1, Data2, Data3, Data4 は INT 型データである。
　　　　Data1, Data2, Data3 は 1～99 の範囲とする。

FBDプログラム
　　（＊処理内容1＊）

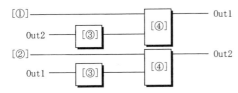

　　（＊処理内容2＊）

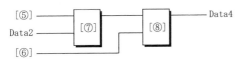

以下　JIS B3503　より抜粋

演算	記号	対象となるデータ型
算術演算	MUL, DIV, MOD, ADD, SUB	INT DINT UINT UDINT
論理演算	NOT, AND, OR, XOR	BOOL WORD DWORD
比較	GT, GE, EQ, LE, LT, NE	INT DINT UINT UDINT
選択	SEL, MAX, MIN	INT DINT UINT UDINT

問題 3

　ある装置を PLC を使って制御する。以下に示す「装置の仕様」「使用する PLC の各モジュールの仕様」「PLC のシステム仕様」を踏まえて、設問 1 及び設問 2 に答えなさい。

設問 1　装置の制御のために必要となる各モジュールの数を解答欄に記入しなさい。ただし、入出力モジュールは点数の余裕や配線し易さ等を考慮せず、できるだけモジュールの最大仕様まで使用することで必要最低限の数で構成すること。

　デジタル入力モジュール：（ ① ）モジュール
　デジタル出力モジュール：（ ② ）モジュール
　アナログ入力モジュール：（ ③ ）モジュール
　アナログ出力モジュール：（ ④ ）モジュール

設問 2　以下に示す「PLC のシステム仕様」にしたがって構成した場合、増設ブロックは何ブロックになるかを解答欄に記入しなさい。

　増設ブロック数：（ ⑤ ）ブロック

■ 装置の仕様（制御に必要な入出力点数）

デジタル入力点数	単位：点	500
デジタル出力点数	単位：点	400
アナログ入力点数	単位：点	90
アナログ出力点数	単位：点	60

■ 使用する PLC の各モジュール仕様

PLC モジュール	仕様
CPU モジュール	プログラム総ステップ数　最大 100 キロステップ
デジタル入力モジュール	1 モジュールあたり　最大　32 点
デジタル出力モジュール	1 モジュールあたり　最大　32 点
アナログ入力モジュール	1 モジュールあたり　最大　16 点
アナログ出力モジュール	1 モジュールあたり　最大　16 点

■ PLC のシステム仕様

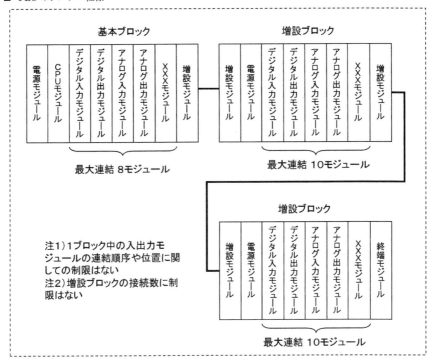

注1）1ブロック中の入出力モ
ジュールの連結順序や位置に関
しての制限はない
注2）増設ブロックの接続数に制
限はない

問題 4

　以下の[ラダー図]を参照して次の[ST プログラムリスト]の[①]〜[⑦]に当てはまる命令語又は変数名を、解答用紙の解答欄に記入しなさい。

[ST プログラムリスト]
　　　補助 : = ([①] [②] 補助) [③] [④] [⑤] ;
　　　⑥　 : = [⑦] AND タイマ ;

[ラダー図]

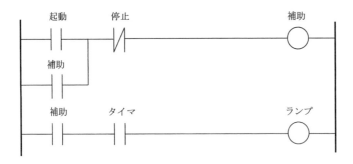

以下　JIS B3503　より抜粋

演算	記号	対象となるデータ型	使用例
代入	: =		A := 2 ;
括弧	（ 式 ）		A := (A+B)/2 ;
比較	＜ ＞ ＝ ＜＞ ＞＝	INT DINT UINT UDINT	A >= 2 ;
数値演算	＋ － ＊ ／	INT DINT UINT UDINT	A := A/2+B ;
論理演算	NOT　AND　　OR　XOR	BOOL WORD DWORD	X := Y AND W ;
制御文	IF CASE FOR		

令和元年度 技能検定
1級 電気機器組立て(シーケンス制御作業)
実技試験(製作等作業試験)問題

以下に示す事項により、作業を行いなさい。

1 試験時間　　　標準時間：2時間10分　　　　打切り時間：2時間30分

2 注意事項
（1）　試験会場においては、技能検定委員の指示に従って行動する。
（2）　不正な行為や他人の迷惑になる言動は行わない。
（3）　試験中に「実技試験問題概要」やメモ等を参照することは禁止する。
（4）　試験中に、工具等の貸し借りをしない。
（5）　与えられた試験用盤等は取扱いに注意し、損傷を与えない。
　　　　また、使用後は必ず元の場所に戻し、整理しておく。
（6）　配線図の電気用図記号は、JIS C 0617 による。
（7）　「実技試験(製作等作業試験)問題」、「I/O 割付表」及び「メモ用紙」には、受検番号及び氏名を必ず記入し、作業終了後必ず提出する。
（8）　試験開始前の部品等点検時間内に試験用盤に配置してある部品等を目視点検し、損傷等のある場合には技能検定委員に申し出て指示を受ける。また、配線後、各自 I／O の確認を行い、試験用盤に異常がある場合は申し出る。
　　　　なお、試験開始後は、原則として試験用盤に配置してある部品等の交換は行わないが、部品等を破損又は紛失した場合は技能検定委員に申し出る。
（9）　試験開始前に、技能検定委員の指示に従い、電源を配線し PLC 本体及びプログラミングツールのプログラムを全消去する。
（10）　「3 試験課題」の作業が終わったら、部品及び工具等を整理整頓のうえ、挙手をして終了の合図をする。
（11）　作業終了時の整理整頓が悪い場合は、減点される。
（12）　試験時間内(打ち切り時間内)に終了の合図(挙手)が無い場合は、失格となる。
（13）　標準時間を超えて作業を行った場合、超過時間に応じて減点される。
（14）　技能検定委員の指示に従わなかった場合、不正行為があった場合などにおいても失格となることがある。
（15）　採点終了後、PLC 本体及びプログラミングツールのプログラムを全消去する。
（16）　試験中は、携帯電話(電卓機能の使用を含む)等の使用は、禁止とする。
（17）　試験中は、無線 LAN（Wi-Fi 接続を含む）等を含む外部との通信を禁止とする。（使用した場合は、不正行為とみなし、失格とする。）

受検番号	氏　名

3　試験課題

　試験用盤と持参したPLCを用いて、装置間の配線、プログラムの設計と入力、及び動作確認を行い、仕様を満足させなさい。
　文中の「押す」という表現は、押しボタンを押した後に直ちに放すことを意味する。

仕様1
　指示された「I／O割付」に従って、装置間の配線を行う。入出力の配線は、8ページ*の「試験用盤の配線図」を参考にする。配線は適切な長さとし、試験用盤端子への接続は、圧着端子を使用してねじ止めする。端子台の同一箇所に2本配線する場合は、圧着端子を背面合わせにして接続する。指示された以外の配線は行ってはならない。（片側配線も含む）　　　　　　　　　　　　　＊本書ではP.70

仕様2
　本装置は製品の洗浄装置である。製品には複数の品種があり、品種によって洗浄時間が異なるため、品種毎に洗浄時間を登録する。
　本装置には、洗浄時間の登録モード・手動モード・自動モードの3つのモードがあり、モード毎の個別仕様と、全体に適応する共通仕様がある。
　装置の構成及び製品の品種を＜図1＞に示す。

　　＜図1＞ 装置の構成と品種の判別

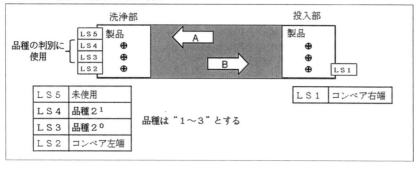

（1）洗浄時間の登録モードの仕様

「SS1」"入"の時、品種毎の洗浄時間を登録する。本モードの詳細を以下に記載する。

・本モード中は「PL1」を点灯させる。

・洗浄時間の登録は「DSW」で品種を選択した後、「PB1」「PB2」「PB3」の何れかで
　登録する。「PB1」は"2秒"、「PB2」は"3秒"、「PB3」は"4秒"の登録ボタン
　とする。

・本モード中は、「DPL2」に「DSW」で選択した品種、「DPL1」に登録された洗浄時間
　（秒）を表示する。なお、「DSW」で選択する品種は"1～3"の3種類とし、装置に品種"0"
　が投入されることはないものとする。

・「DSW」が"1～3以外"又は"他のモードに切り替えた"時は「DPL2（品種）」と「D
　PL1（洗浄時間）」の表示を"0"にすること。

・操作と表示の例を＜表1＞に示す。

　　＜表1＞　品種1に"2秒"、品種2に"3秒"、品種3に"4秒"が設定された状態での例

手順	操作　例	「DPL2」選択した品種	「DPL1」登録された洗浄時間(秒)
1	「DSW」が"1"で「SS1」を"入"にした時	1	2
2	「DSW」を"2"にする	2	3
3	「PB1」を押す	2	2
4	「PB3」を押す	2	4
5	「DSW」を"3"にする	3	4
6	「SS1」を"切"にする（他モードに切り替え）	0	0
7	「SS1」を"入"にする	3	4
8	「DSW」を"1～3"以外にする	0	0

・本モードでは、「PL2」「PL3」「PL4」は消灯し、コンベアは動作しないこと。

・登録した時間をPLCの電源遮断、運転停止／開始においても消去しないこと。

（2）手動モードの仕様

「SS1」"切"「SS0」"手動"の時、「PB2」「PB3」を押している間、コンベアを動
作させる。本モードの詳細を以下に記載する。

・「PB2」を押している間、コンベアを左行させる。（＜図1＞矢印Aの方向へ動作）

・「PB3」を押している間、コンベアを右行させる。（＜図1＞矢印Bの方向へ動作）

・「PB2」と「PB3」を共に押している間は、後に押されたPBを優先させる。

（3）自動モードの仕様

「ＳＳ１」"切"「ＳＳ０」"自動"の時、製品を投入（コンベア右端がＯＮ）し、「ＰＢ２」を押すことにより、以下の順序で動作する『サイクル動作』が起動する。

1. 投入した製品を洗浄部に搬送する。
2. 洗浄部では製品の品種判別を行い、品種毎に登録された時間に従い洗浄を行う。
    品種判別後、登録した洗浄時間が経過した時、洗浄完了とする。
3. 洗浄が完了した製品を投入部に搬送し、動作を終了する。

本モードの詳細を以下に記載する。

・洗浄中は「ＤＰＬ２」に洗浄中の製品の品種、「ＤＰＬ１」に洗浄の残り時間(秒)を表示する。『ＤＰＬ』の表示例を＜表２＞に示す。（『ＤＰＬ』は「ＤＰＬ１」「ＤＰＬ２」の総称）

＜表２＞ 品種"１" 洗浄時間"２秒"の場合の例

装置の進捗	『ＤＰＬ』表示（品種と洗浄時間）
品種判別 以前	００
洗浄開始 から 約１秒経過 までの間	１２
洗浄開始 約１秒経過 から 約２秒経過 までの間	１１
洗浄完了	００

・洗浄が完了した時、完了ランプ「ＰＬ３」を点灯させる。
・「ＰＬ３」の消灯は製品を取り出し、確認ボタン「ＰＢ３」を押した時とする。
・「ＰＬ３」点灯中は『サイクル動作』を起動できないこと。
・「ＰＬ３」の表示は、ＰＬＣの電源を遮断しても、復電後に遮断前の状態を維持していること。

（4）共通仕様

・『サイクル動作』又はコンベアが動作中は、警告ランプ「ＰＬ２」を点灯させる。
・以下の状態を検出した時から、状態が解消されリセットボタン「ＰＢ４」が押されるまでを異常とし、『ＤＰＬ』に異常番号を表示する。

非常停止ボタン「ＰＢ５」が押された時	異常番号"９１"
『サイクル動作』中に、「ＳＳ０」又は「ＳＳ１」を切替えた時	異常番号"９２"

・異常になった時は、動作中のコンベア及び『サイクル動作』を即時に中止すること。
・異常番号表示中は、コンベア又は『サイクル動作』が起動できないこと。
・異常番号表示中に、洗浄時間の登録は行わないものとする。
・複数の異常が発生した時は、小さい番号の異常を優先して表示する。
・異常の解除は、「ＰＢ４」を押す度に、小さい番号の異常を１つ解除する。
・異常番号の表示は、ＰＬＣの電源を遮断しても、復電後に遮断前の状態を維持していること。
・『ＤＰＬ』は異常番号の表示以外にも用途があるが、異常番号の表示を優先させる。
・個別仕様で示した操作以外で、コンベア又は『サイクル動作』が起動できないこと。
    （異常の解除又は復電で直ちに起動しないこと）

≪課題提出時の注意事項≫

・洗浄時間は、"品種１に４秒""品種２に３秒""品種３に２秒"を登録しておくこと。
・「ＳＳ１」は"切"、すべてのＰＬ（ＰＬ１～４）は"消灯"状態にしておくこと。

1級 電気機器組立て（シーケンス制御作業）
実技試験（製作等作業試験）問題 使用工具等一覧表

1 受検者が持参するもの

区分	品　名	寸法・規格	数量	備　考
機材等	PLC（プログラミングツール及びツール接続ケーブル含む）	入力：DC24V 　　16点以上 出力：接点式又は 　　DC24V オープンコレクタ式 　　14点以上 　　（供給電源　AC100V）	1	次の演算機能を有するもの 論理・数値・タイマ・カウンタなど AC100V 用の電源コード 1m 程度を含む 他受検者との共用不可
	電線	0.3〜1.25mm² 電線色は問わない ねじ寸法 3.5mm Y形圧着端子付き	40本 程度	各 1m 程度 （配線図参照） I/O の識別用マークは自由とする
工具類	ドライバ	＋ドライバ 2番絶縁タイプ 端子台に応じたもの	1 適宜	電動式不可 電動式不可
	回路計（テスタ）		適宜	デジタル式可
その他	筆記用具		1式	

（注意事項）
1　AC電源部はむき出しにしない。（PLC、サーキットプロテクタの AC端子等。）

2　電線は束ねない。また、束ねた電線は使用禁止とする（フラットケーブル・多芯ケーブルは不可）。

3　PLC と試験用盤との接続が確認できること。

4　入出力モジュールの接続部は端子台が望ましい。

　　（配線の片方がコネクタ式の PLC を使用する場合は、中継の端子台を設け、中継端子台と試験用盤の配線作業が 1本ずつできるようにしておくこと。）

5　PLC の主電源が AC100V 以外の場合、変換器を併せて持参すること。

6　PLC は、RUN 状態で電源を OFF→ON した時、CPU が自動的に RUN するよう、予めスイッチやパラメータを設定しておくこと。

7　PLC は、メモリバックアップ用バッテリ等の有寿命部品の保守をし、電源 OFF ではバッテリバックアップ対象のメモリのデータが消えない状態であること。

2 試験場で準備されているもの

区分	品 名	寸法・規格	数量	備 考
機材	試験用盤	表示ランプ（DC24V 用）	5	金属製の盤の上に、部品が P7 図のように配置ずみ。*
		押しボタンスイッチ（自動復帰接点）	5	
		切換スイッチ	2	
		デジタルスイッチ 1 桁（DC24V 用）	1	BCD 入力用
		7 セグメント LED 表示器 2 桁（DC24V 用）	2	BCD 出力用
		配線用端子台	1	ねじ寸法 3.5mm
		DC24V 直流電源 (PLC の主電源としての使用不可)	1	
		サーキットプロテクタ	1	
		ミニチュアリレー	2	
		リレー用ソケット	2	
		コンベアキット(モーター付)	1式	
		マイクロスイッチ	5	
		AC100V3P コンセント(2 口)	1	予備用
		AC100V3P プラグ(1m)	1	電源用
その他	メモ用紙		適量	プログラム等記入用

＊本書では P.69

「試験用盤器具配置図」

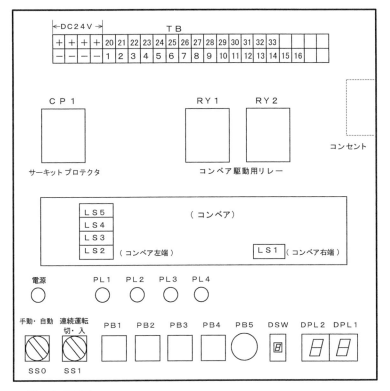

パレット 平面図

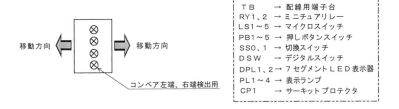

ＴＢ	→	配線用端子台
ＲＹ１、２	→	ミニチュアリレー
ＬＳ１～５	→	マイクロスイッチ
ＰＢ１～５	→	押しボタンスイッチ
ＳＳ０、１	→	切換スイッチ
ＤＳＷ	→	デジタルスイッチ
ＤＰＬ１、２	→	７セグメントＬＥＤ表示器
ＰＬ１～４	→	表示ランプ
ＣＰ１	→	サーキットプロテクタ

「試験用盤の配線図」

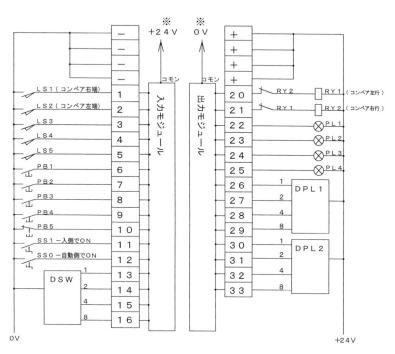

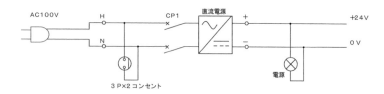

※持参する PLC に合わせて入出力モジュールが動作するように、適宜、電源配線を行うこと。

メモ用紙

受検番号	氏　名

令和元年度 技能検定
1級 電気機器組立て(シーケンス制御作業)
実技試験(計画立案等作業試験) 問題

1 試験時間　1時間

2 注意事項

(1) 係員の指示があるまで、この表紙はあけないでください。

(2) 解答用紙に、受検番号及び氏名を記入してください。

(3) 係員の指示に従って、この試験問題が表紙を含めて7ページであることを確認してください。それらに異常がある場合は、黙って手を挙げてください。

(4) 試験開始の合図で始めてください。

(5) 解答は、解答用紙の解答欄に記入してください。なお、要求している解答以外は記入しないでください。

(6) 試験中は、携帯電話(電卓機能の使用を含む)等の使用を禁止とします。

(7) 試験中、質問があるときは、黙って手を挙げてください。ただし、試験問題の内容、漢字の読み方等に関する質問には、お答えできません。

(8) 試験終了時刻前に解答ができあがった場合は、黙って手を挙げ、係員の指示に従ってください。

(9) 試験中に手洗いに立ちたいときは、黙って手を挙げて、係員の指示に従ってください。

(10) 試験終了の合図があったら、筆記用具を置き、係員の指示に従ってください。

(11) 試験終了後、解答用紙を提出してください。

(12) 計算等は、問題用紙の余白又は裏面を使用して行ってください。
なお、電子式卓上計算機を使用しても結構です。

3 試験に使用できる用具等一覧

区分	品名	寸法又は規格	数量	備考
用具等	筆記用具		一式	
	電子式卓上計算機	電池式(太陽電池式含む)	1	関数電卓可(ただし、プログラム機能付きのものは不可)

問題1

次の[ラダー図プログラム]に従って、解答用紙に示すタイムチャートを完成させなさい。

［ラダー図プログラム］

```
入力0     入力1                          補助100
 ─┤├──────┤/├──────────────────────────( )─
補助100
 ─┤├─

補助100   補助101                        補助101
 ─┤├──────┤/├──────────────────────────( )─

補助104   補助103                        補助102
 ─┤├──────┤├───────────────────────────( )─
                                        補助103
                               ─────────( )─

補助101   補助102                        補助104
 ─┤├──────┤/├──────────────────────────( )─
補助104
 ─┤├─
```

問題2

次の「処理内容1」及び「処理内容2」を参照して、FBDプログラムの[①]～[⑦]に当てはまる適切な命令語、変数名又は数値を、解答用紙の解答欄に記入しなさい。

「処理内容 1」
Data1,Data2,Data3 の最大値、最小値と平均値を求める。

「処理内容 2」
上で求めた最大値、最小値と平均値との差を計算し、その絶対値を求める。

ただし、Data1,Data2,Data3,最大値,最小値,合計値,平均値,最大平均差,最小平均差は INT 型とする。

FBD プログラム

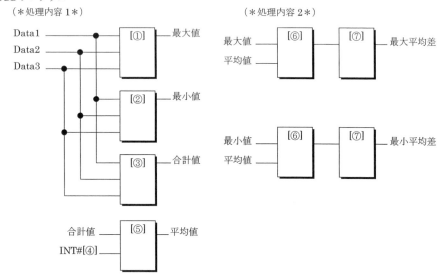

以下　JIS B3503　より抜粋

演算の種類	ファンクション名	対象となるデータ型の例
数値演算	ABS , SQRT , EXP , SIN , COS	INT , DINT , REAL
算術演算	MUL , DIV , MOD , ADD , SUB	INT , DINT , UINT , UDINT
論理演算	NOT , AND , OR , XOR	BOOL , WORD , DWORD
比較	GT , GE , EQ , LE , LT , NE	INT , DINT , UINT , UDINT
選択	SEL , MAX , MIN	INT , DINT , UINT , UDINT
ビットシフト	ROL , ROR , SHL , SHR	WORD , DWORD

問題3

4つの装置（装置A、B、C、D）を、3台のPLCを使って制御する。つまり、3台のPLCのうち1台は2つの装置を制御するシステム構成とする。ただし、右記に示す構成上の制約条件及びPLCの仕様の範囲内で構成が可能であること。以上を踏まえて、設問1及び設問2に答えなさい。

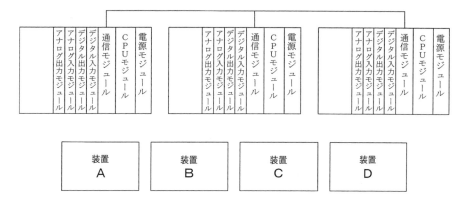

設問1　以下の文章の（①）及び（②）内に当てはまる適切な記号（A～D）を、解答欄に記入しなさい。

装置（①）と装置（②）が1台のPLCで制御される。

設問2　設問1で選択した2つの装置の組合せにおいて、装置ごとに1台ずつのPLCで制御した場合と、2つの装置を1台のPLCで制御した場合とでは、最小限必要となるデジタル入力モジュールとデジタル出力モジュールの合計数はどう変化するか。以下の選択肢から一つ選び、その記号を解答欄に記入しなさい。

　　　イ）2つの装置を1台のPLCで制御した場合の方が、1モジュール多くなる
　　　ロ）2つの装置を1台のPLCで制御した場合の方が、1モジュール少なくなる
　　　ハ）2つの装置を1台のPLCで制御した場合の方が、2モジュール少なくなる
　　　ニ）モジュール数は変化しない

■ 構成上の制約条件
・ 1つの装置を複数の PLC で制御してはいけない。
・ 各 PLC 間は通信により接続されるが、PLC 間を通信で接続した場合、通信モジュールは PLC 1 台ごとに 1 台のみ必要となる。また、PLC 1 台ごとに（制御用プログラムの他に）通信用プログラムが 10 キロステップ必要となり、これは PLC 1 台が制御する装置数によって変化しない。
・ プログラム容量は今後のメンテナンスのために 10 キロステップ以上の空きを残すこと。
・ 入力モジュール及び出力モジュールは点数の余裕や配線し易さ等を考慮せず、できるだけ最大仕様まで使用することで必要最小限の数で構成すること。

■ 各装置の制御に必要なプログラム容量と入出力点数

装置名		A	B	C	D
制御用プログラムのステップ数	単位：キロステップ	30	20	40	50
デジタル入力	単位：点	400	200	300	300
デジタル出力	単位：点	300	200	100	200
アナログ入力	単位：点	70	80	100	90
アナログ出力	単位：点	50	60	70	50

■ 使用する PLC の各モジュール仕様

PLC モジュール	仕様
CPU モジュール	・ プログラム容量は最大 100 キロステップ ・ 1CPU モジュールで制御可能なデジタル入出力点数は最大 1000 点 ・ 1CPU モジュールあたりのアナログモジュール装着数は最大 20 モジュール
電源モジュール	―
デジタル入力モジュール	1 モジュールあたり　最大　32 点
デジタル出力モジュール	1 モジュールあたり　最大　32 点
アナログ入力モジュール	1 モジュールあたり　最大　16 点
アナログ出力モジュール	1 モジュールあたり　最大　16 点
通信モジュール	―

（使用する PLC の各モジュールの仕様は、どの装置においても同じものとする。）

■ 装置ごとに 1 台の PLC を使用した場合のシステム構成

装置名		A	B	C	D
プログラムステップ数（通信用、余裕分を含む）	単位：キロステップ	50	40	60	70
CPUモジュール	単位：モジュール	1	1	1	1
電源モジュール	単位：モジュール	1	1	1	1
デジタル入力モジュール数	単位：モジュール	13	7	10	10
デジタル出力モジュール数	単位：モジュール	10	7	4	7
アナログ入力モジュール数	単位：モジュール	5	5	7	6
アナログ出力モジュール数	単位：モジュール	4	4	5	4
通信モジュール数	単位：モジュール	1	1	1	1

問題4

　次の制御対象の動作順序のとおりに、右記の SFC 構造図の① ～ ⑧に当てはまる適切な記号を解答欄に記入しなさい。

[制御対象の動作]

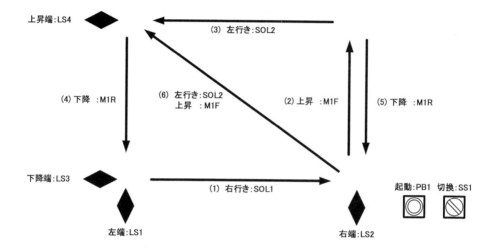

動作順序　　切換えスイッチＳＳ１がＯＦＦの時、(1) → (2) → (3) → (4)
　　　　　　切換えスイッチＳＳ１がＯＮの時、　(1) → (2) → (5) → (6) → (4)

動作条件　　ＬＳ１とＬＳ３がＯＮの時、ＰＢ１のＯＮで起動する。

記号の意味　ＰＢ　：　押しボタンスイッチ
　　　　　　ＳＳ　：　切換えスイッチ
　　　　　　ＬＳ　：　リミットスイッチ
　　　　　　ＳＯＬ　：　ソレノイドバルブ
　　　　　　Ｍ　　：　モータ　　Ｆ：正転　　Ｒ：逆転

SFC 構造図

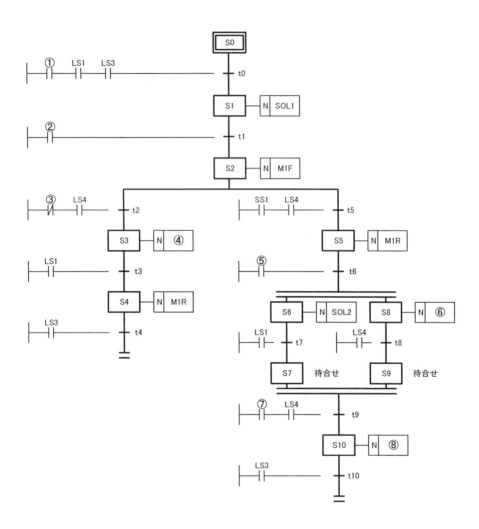

平成30年度 技能検定
1級 電気機器組立て（シーケンス制御作業）
実技試験（計画立案等作業試験）問題

1 試験時間　　1時間

2 注意事項

(1) 係員の指示があるまで、この表紙はあけないでください。

(2) 解答用紙に、受検番号及び氏名を記入してください。

(3) 係員の指示に従って、この試験問題が表紙を含めて7ページであることを確認してください。それらに異常がある場合は、黙って手を挙げてください。

(4) 試験開始の合図で始めてください。

(5) 解答は、解答用紙の解答欄に記入してください。なお、要求している解答以外は記入しないでください。

(6) 試験中は、携帯電話(電卓機能の使用を含む)等の使用を禁止とします。

(7) 試験中、質問があるときは、黙って手を挙げてください。ただし、試験問題の内容、漢字の読み方等に関する質問には、お答えできません。

(8) 試験終了時刻前に解答ができあがった場合は、黙って手を挙げ、係員の指示に従ってください。

(9) 試験中に手洗いに立ちたいときは、黙って手を挙げて、係員の指示に従ってください。

(10) 試験終了の合図があったら、筆記用具を置き、係員の指示に従ってください。

(11) 試験終了後、解答用紙を提出してください。

(12) 計算等は、問題用紙の余白又は裏面を使用して行ってください。
なお、電子式卓上計算機を使用しても結構です。

3 試験に使用できる用具等一覧

区分	品　名	寸法又は規格	数量	備　考
用具等	筆　記　用　具		一式	
	電子式卓上計算機	電池式(太陽電池式含む)	1	関数電卓可(ただし、プログラム機能付きのものは不可)

問題1

次の[ラダー図プログラム]に従って、解答用紙に示すタイムチャートを完成させなさい。

[ラダー図プログラム]

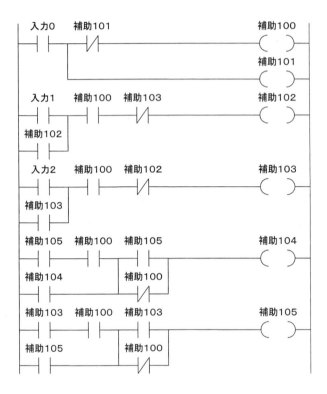

問題2

次の「処理内容1」及び「処理内容2」を参照して、FBDプログラムの［①］～［⑦］に当てはまる命令語、数値又は処理結果を、解答用紙の解答欄に記入しなさい。

「処理内容1」

　　　5名の生徒の中間テストの成績を、それぞれ成績A、B、C、D、Eとしたとき、その平均点を求める。

「処理内容2」

　　　成績Cと平均点との差の絶対値を求める（偏差の絶対値）。

　　ただし、成績A、B、C、D、Eおよび平均点はINT型とする。

FBDプログラム

（＊処理内容1＊）

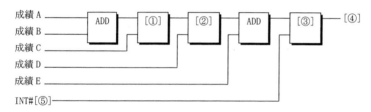

（＊処理内容2＊）

以下　JIS B3503　より抜粋

演算の種類	ファンクション記号	対象となるデータ型の例
数値演算	ABS, SQRT, EXP, SIN, COS	INT　DINT　REAL
算術演算	MUL, DIV, MOD, ADD, SUB	INT　DINT　UINT　UDINT
論理演算	NOT, AND, OR, XOR	BOOL　WORD　DWORD
比較	GT, GE, EQ, LE, LT, NE	INT　DINT　UINT　UDINT
選択	SEL, MAX, MIN	INT　DINT　UINT　UDINT
ビットシフト	ROL, ROR, SHL, SHR	WORD　DWORD

問題3

PLC を使って、ある装置を制御する。装置の制御に使用できる PLC には、A タイプ、B タイプの 2 つのタイプがあり、システム仕様は同じだが PLC のタイプ毎にモジュールの仕様が異なる。

以下に示す「PLC システム仕様」「構成上の制約条件」「装置の仕様」「使用する PLC の各モジュールの仕様」を踏まえ、設問 1 及び設問 2 に答えなさい。

設問 1　以下の文章の（　）内に当てはまる、適切な数値を解答欄に記入しなさい。

A タイプの PLC を使用した場合の構成で、最低限必要なデジタル入出力モジュールの合計は全部で（　①　）モジュールである。また、最低限必要となる通信モジュールの合計は全部で（　②　）モジュールである。

設問 2　A タイプの PLC を使用した場合と B タイプの PLC を使用した場合で、最低限必要な増設ブロックの合計数がどう違うか、以下の選択肢から一つ選び、その記号を解答欄に記入しなさい。

　　イ　A タイプの PLC を使用した構成の方が、1 ブロック少ない
　　ロ　A タイプの PLC を使用した構成の方が、2 ブロック少ない
　　ハ　A タイプの PLC を使用した構成の方が、1 ブロック多い
　　ニ　いずれの構成でも増設ブロック数の合計は同じ

■ PLC システム仕様（A タイプ、B タイプ共通）

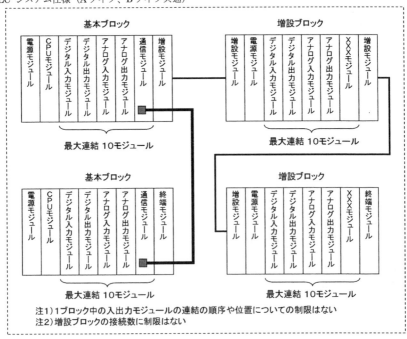

注1）1ブロック中の入出力モジュールの連結の順序や位置についての制限はない
注2）増設ブロックの接続数に制限はない

■ 構成上の制約条件

- ＣＰＵモジュールの使用台数が最小限となる構成にすること。
- 入出力モジュールは点数の余裕や配線し易さ等は考慮せず、できるだけ最大仕様まで使用することで必要最低限の数で構成すること。
- 複数台の PLC を使用して装置を制御するには、通信モジュールにて PLC 間をつなぐ。ただし、通信モジュールでつなげるのは同一タイプの PLC 間だけである。

■ 装置の仕様（制御に必要な入出力点数）

デジタル入力点数	単位：点	600
デジタル出力点数	単位：点	400
アナログ入力点数	単位：点	130
アナログ出力点数	単位：点	120

■ 使用する PLC の各モジュールの仕様

		Aタイプ	Bタイプ
1CPU モジュールあたりのデジタル入出力最大点数	単位：点	2000	1500
1CPU モジュールあたりのアナログ入出力最大点数	単位：点	400	200
デジタル入力モジュール　点数	単位：点	64	32
デジタル出力モジュール　点数	単位：点	64	32
アナログ入力モジュール　点数	単位：点	16	8
アナログ出力モジュール　点数	単位：点	16	8

問題4

次の制御対象の動作順序を参考に、右記のＳＦＣ構造図の（①）〜（⑧）に当てはまる適切な記号を解答欄に記入しなさい。

［制御対象の動作］

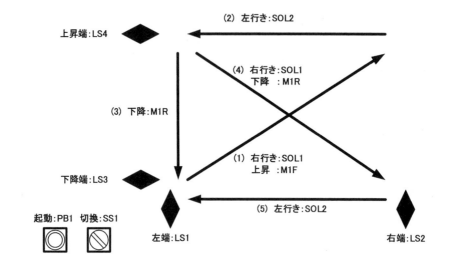

動作順序　切換えスイッチＳＳ１がＯＦＦの時、（1）→（2）→（3）
　　　　　切換えスイッチＳＳ１がＯＮの時、　（1）→（2）→（4）→（5）

動作条件　ＬＳ１とＬＳ３がＯＮのとき、ＰＢ１のＯＮで起動する。

記号の意味　ＰＢ　：　押しボタンスイッチ
　　　　　　ＳＳ　：　切換えスイッチ
　　　　　　ＬＳ　：　リミットスイッチ
　　　　　　ＳＯＬ　：　ソレノイドバルブ
　　　　　　Ｍ　　：　モータ　　Ｆ：正転　　Ｒ：逆転

SFC 構造図

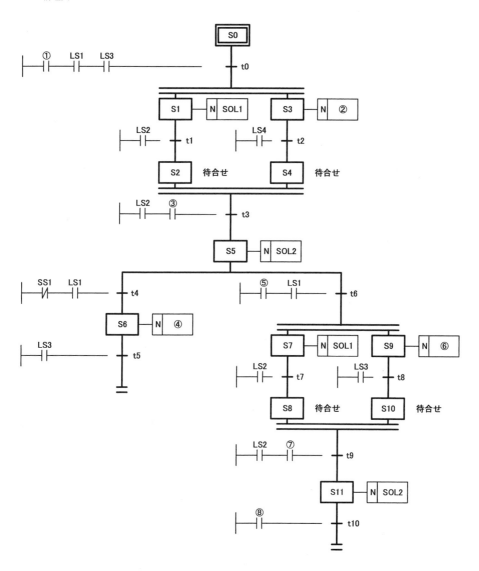

電気機器組立て

学科試験問題

平成31年度 技能検定
2級 電気機器組立て 学科試験問題
（配電盤・制御盤組立て作業）

1. 試験時間　1時間40分
2. 問題数　　50題(A群25題、B群25題)
3. 注意事項
   (1) 係員の指示があるまで、この表紙はあけないでください。
   (2) 答案用紙(真偽法と多肢択一法の併用)に検定職種名、作業名、級別、受検番号、氏名を必ず記入してください。
   (3) 係員の指示に従って、問題数を確かめてください。それらに異常がある場合は、黙って手を挙げてください。問題はA群(真偽法)とB群(多肢択一法)とに分かれています。
   (4) 試験開始の合図で始めてください。
   (5) 解答の方法(真偽法と多肢択一法の併用)は次のとおりです。
   　　イ．　A群の問題(真偽法)は、一つ一つの問題の内容が正しいか、誤っているかを判断して解答してください。
   　　ロ．　B群の問題(多肢択一法)は、正解と思うものを一つだけ選んで、解答してください。二つ以上に解答した場合は誤答となります。
   　　ハ．　答案用紙(マークシート用紙)へ解答する際は、答案用紙に記載されている注意事項に従ってください。
   　　ニ．　答案用紙の解答欄は、A群の問題とB群の問題とでは異なります。所定の解答欄に、試験問題の題数に応じて解答してください。解答欄はA群は50題まで、B群は25題まで解答できるようになっています。
   (6) 電子式卓上計算機その他これと同等の機能を有するものは、使用してはいけません。
   (7) 携帯電話等は、使用してはいけません。
   (8) 試験中、質問があるときは、黙って手を挙げてください。ただし、試験問題の内容、漢字の読み方等に関する質問にはお答えできません。
   (9) 試験終了時刻前に解答ができあがった場合は、黙って手を挙げて、係員の指示に従ってください。
   (10) 試験中に手洗いに立ちたいときは、黙って手を挙げて、係員の指示に従ってください。
   (11) 試験終了の合図があったら、筆記用具を置き、係員の指示に従ってください。

[A群(真偽法)]

1 コイルを巻く作業で電線に張力を掛け過ぎると、電線が伸びて電気抵抗が減少する。

2 日本工業規格(JIS)によれば、電気絶縁の耐熱クラスの指定文字を、その推奨最高連続使用温度の低い順に左から並べたものとして、次の順序は正しい。
　　Y、B、E、A

3 オープンバレル端子を用いた圧着加工における圧着部の端子高さ(クリンプハイト)は、圧着加工上の重要な管理項目の一つである。

4 不良、欠点、故障等についてどの項目に問題があるか、また、その影響がどの程度かを見い出すには、散布図が最適である。

5 マイクロメータのラチェットストップは、ある測定圧以上になると空回りし、測定誤差を減らす機構である。

6 やすりによる表面仕上げ作業において、鋼や鋳鉄を仕上げるには単目やすりが適し、非鉄金属や木材を仕上げるには、複目やすりが適する。

7 加工によってけがき線が消えても測定の目安になるように、加工けがき線から少し離して補助線をけがくことがある。このけがき線を二番けがきという。

8 鉄鋼材料の機械的性質は、炭素含有量が変わっても変化しない。

9 化学物質排出把握管理促進法(PRTR法)によれば、はんだ付けで使用されるはんだの種類で、鉛を含むものは規制対象である。

10 労働安全衛生関係法令によれば、玉掛け用ワイヤロープは、その切断荷重の1/2の荷重で使用してもよい。

11 日本電機工業会規格(JEM)によれば、スタンド形の配電盤・制御盤の支柱下面から箱体上面までの寸法は1500mmと、規定されている。

12 日本電機工業会規格(JEM)によれば、次に示す基本器具番号と器具名称との組合せは、いずれも正しい。
　　基本器具番号　　　器具名称
　　　　25　　　　　　同期検出装置
　　　　72　　　　　　直流過電流継電器

13 日本電機工業会規格(JEM)によれば、配電盤・制御盤取付用の用途銘板は、盤に取り付けた器具の周辺に取り付け、その器具の用途、機能などを表したものと定義されている。

14 電気設備の技術基準の解釈によれば、D種接地工事の接地線の最小太さは、軟銅線を使用した場合、直径1.6mmである。

15 日本電機工業会規格(JEM)によれば、電磁開閉器は、過電流継電器を備えた電磁接触器の総称である。

16 リードリレーは、磁性片に磁界を与えて、互いに吸引させるもので、一般に、小電流のリレーとして用いられている。

17 60Hzの電源で使用していた三相誘導電動機を50Hzの電源で使用した場合は、その回転速度が約20%速くなる。

18 日本電機工業会規格(JEM)によれば、配電盤・制御盤の垂直自立形(閉鎖形)の外形寸法で、盤高さ寸法は、1400mm、1600mm、1700mm、1900mm、2000mm、2100mm及び2300mmの7種類になっている。

19 一般に、母線回路の導体には、銅又はアルミニウム材料が多く用いられる。

20 日本電機工業会規格(JEM)によれば、電磁接触器において、直流操作回路の定格使用電圧は、24V、48V、100V、110V、200V及び220Vの6種類に分類されている。

21 ゴム座の付いている器具類(押しボタンスイッチ等)は、盤の板厚によって、盤裏面のゴム座枚数を加減し使用する。

22 日本電機工業会規格(JEM)によれば、配電盤・制御盤内の配線作業を行う場合、配線の分岐は、端子において行うこととなっている。

23 変流器の2次回路には、ヒューズを使用しない。

24 大形のアクリル製銘板を盤面にねじ止め固定する場合には、取付け穴を大きめにし、かつ締付けトルクの管理によって熱膨張時の逃げを考慮するとよい。

25 日本電機工業会規格(JEM)によれば、配電盤・制御盤の工場試験を行う試験場所の標準状態における温度は、25±2℃である。

［B群(多肢択一法)］

1　高速大容量のタービン発電機に適しているものはどれか。
　　イ　20極同期発電機
　　ロ　20極誘導発電機
　　ハ　2極同期発電機
　　ニ　2極誘導発電機

2　次の圧縮端子のうち、端子に銅を使用しているものはどれか。
　　イ　圧縮端子　A 6-1000
　　ロ　圧縮端子　S 6-1000
　　ハ　圧縮端子　SA 6-1000
　　ニ　圧縮端子　C 6-1000

3　交流の大電流の測定に適している計測器はどれか。
　　イ　テスター
　　ロ　計器用変圧器(VT)と電流計
　　ハ　変流器(CT)と電流計
　　ニ　メガー

4　4極の三相同期電動機が60Hzで運転されている場合の回転速度として、正しいもの
　　はどれか。
　　イ　　 900 min^{-1}
　　ロ　 1800 min^{-1}
　　ハ　 2700 min^{-1}
　　ニ　 3600 min^{-1}

5　図に示す回路に流れる電流I の値として、正しいものはどれか。
　　イ　2.5 A
　　ロ　5.0 A
　　ハ　6.7 A
　　ニ　7.5 A

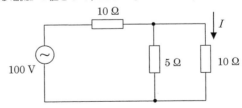

6　フレミングの右手の法則を利用した電気機器はどれか。
　　イ　直流電動機
　　ロ　変圧器
　　ハ　コンデンサ
　　ニ　直流発電機

7　日本工業規格(JIS)「電気用図記号」によれば、指示計器とその名称の組合せとして、誤っているものはどれか。

指示計器　　名称

イ　（ V ）　　電圧計

ロ　（ *n* ）　　回転計

ハ　（ φ ）　　力率計

ニ　（ **Hz** ）　　周波数計

8　文中の(　　)内に当てはまる語句として、正しいものはどれか。

ねじを1回転させたときに進む距離をリードといい、隣り合うねじ山の相対応する2点間の距離を(　　)という。

イ　テーパ
ロ　有効径
ハ　ピッチ
ニ　外径

9　文中の (　　) 内に当てはまる語句の組合せとして、適切なものはどれか。

物体に外力を加えて応力が発生すると (A) を生じ、外力を取り去ると元に戻る性質を (B) という。

　　　　A　　　　B
イ　ひずみ　　塑性
ロ　ひずみ　　弾性
ハ　膨張　　　弾性
ニ　収縮　　　塑性

10　文中の(　　)内に当てはまる数値として、最も適切なものはどれか。

空気は絶縁材料として利用されているが、その絶縁耐力は、常温1気圧、ギャップ1 mmにおいて、約(　　)kVである。

イ　0.1
ロ　3
ハ　10
ニ　30

[B群(多肢択一法)]

11　日本工業規格(JIS)による機器取付け用レールの種類として、誤っているものはどれか。
　　イ　C形レール
　　ロ　溝形レール
　　ハ　トップハット形レール
　　ニ　G形レール

12　日本工業規格(JIS)によれば、保護等級を表すIPコードにおいて、電気機器及び人に対する保護内容として、定められていないものはどれか。
　　イ　外来固形物の侵入
　　ロ　有害な影響を伴う水の浸入
　　ハ　振動による器具への影響
　　ニ　危険な箇所への接近

13　日本電機工業会規格(JEM)によれば、文中の(　　)内に当てはまる語句として、適切なものはどれか。
　　　インバータとは、(　　)に変換する電力変換装置のことである。
　　イ　交流を直流
　　ロ　直流を交流
　　ハ　高電圧を低電圧
　　ニ　低電圧を高電圧

14　文中の(　　)内に当てはまる語句の組合せとして、正しいものはどれか。
　　　円形断面の金属導体の抵抗値は、(　A　)に反比例する。また、導体に交流電流を流した場合、断面全体に均等ではなく(　B　)に近づくほど流れやすくなる。
　　　　　A　　　　　　B
　　イ　直径　　　　表面
　　ロ　直径　　　　中心
　　ハ　断面積　　　表面
　　ニ　断面積　　　中心

15　2.0mm²のIV線を絶縁被覆付圧着端子を用いて圧着する場合、適合する圧着端子の絶縁体の色で正しいものはどれか。
　　イ　赤
　　ロ　白
　　ハ　青
　　ニ　黄

16 鉛入りはんだ付け作業と比較した場合、鉛フリーはんだ付け作業に関する記述として、適切でないものはどれか。

    イ　はんだの溶ける温度が高い。

    ロ　はんだ付けで大切な「ぬれ性」が悪い。

    ハ　手はんだ作業の難易度が上がる。

    ニ　はんだ材料のコストが安い。

17 かご型三相誘導電動機の主回路において、可逆回路の接続として、正しいものはどれか。ただし、M：誘導電動機、F：正転用電磁接触器、R：逆転用電磁接触器とする。

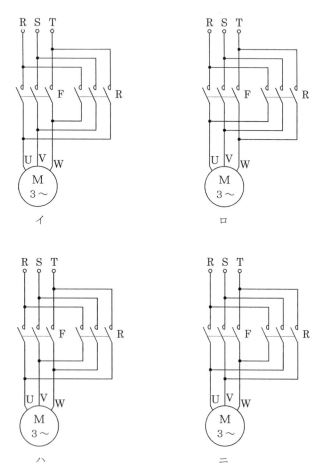

［B群(多肢択一法)］

18 日本電機工業会規格(JEM)によれば、配電盤・制御盤の構造及び寸法における盤の
 一般構造で、誤っているものはどれか。
　イ　箱体は、堅ろうな金属製とし、収納機器の作動による衝撃に耐える構造でな
　　　ければならないが、収納機器は多種多様であり機器の重量までは考慮する必
　　　要はない。
　ロ　箱体は、さび止め処理を行い、耐久性に富んだ塗装、又はメッキ処理などの
　　　表面処理を施す。
　ハ　収納機器の温度が盤内の温度上昇によって許容温度を超える場合には、適切
　　　な換気口又は換気装置を設けなければならない。
　ニ　屋外に設ける盤で内部結露によって支障が生じる可能性があるものは、結露
　　　防止装置を設けなければならない。

19 日本電機工業会規格(JEM)によれば、配電盤・制御盤用回転形制御スイッチのハン
 ドルの形状において、遮断器などの入り・切り、機器の始動・停止及びこれに類す
 る制御に使用するものはどれか。
　イ　ピストル形
　ロ　小判形
　ハ　指針形
　ニ　菊形

20 電力計を用いないで、単相交流回路の電力を測定する場合、不要となる計器はどれ
 か。
　イ　周波数計
　ロ　電流計
　ハ　電圧計
　ニ　力率計

21 日本電機工業会規格(JEM)によれば、配電盤・制御盤の盤内低圧配線用電線に規定
 されるシールド線の色別として、誤っているものはどれか。
　イ　絶縁被覆は、単心の場合、黒。
　ロ　絶縁被覆は、単心の場合、特殊な用途の場合は、灰としてもよい。
　ハ　絶縁被覆は、2心の場合、黒及び白。
　ニ　外被は、灰又は黒。

22 日本電機工業会規格(JEM)によれば、文字記号と用語の組合せとして、誤っている
 ものはどれか。
　　　　　文字記号　　　　用語
　イ　VCB　　　　真空遮断器
　ロ　GCB　　　　ガス遮断器
　ハ　MBB　　　　磁気遮断器
　ニ　ACB　　　　界磁遮断器

23 電気設備の技術基準の解釈によれば、高圧計器用変成器の二次側電路の接地工事として、正しいものはどれか。

    イ   A種接地工事

    ロ   B種接地工事

    ハ   C種接地工事

    ニ   D種接地工事

24 日本電機工業会規格(JEM)に定められている、配電盤・制御盤の盤内低圧配線用電線に関する記述として、適切でないものはどれか。

    イ   一般回路に使用する電線被覆は、黄色とする。

    ロ   接地回路に使用する電線被覆は、青色とする。

    ハ   制御回路に用いる電線の断面積は、$1.25mm^2$ とする。

    ニ   計器用変成器二次回路に用いる電線の断面積は、$2mm^2$ とする。

25 日本電機工業会規格(JEM)によれば、配電盤・制御盤の三相交流回路の導体に色別を施す場合、正しいものはどれか。

	第1相	第2相	第3相
イ	青	白	赤
ロ	赤	白	青
ハ	青	黒	赤
ニ	赤	黒	青

平成30年度 技能検定
2級 電気機器組立て 学科試験問題
（配電盤・制御盤組立て作業）

1. 試験時間　　1時間40分
2. 問題数　　　50題(A群25題、B群25題)
3. 注意事項
   - (1)　　係員の指示があるまで、この表紙はあけないでください。
   - (2)　　答案用紙(真偽法と多肢択一法の併用)に検定職種名、作業名、級別、受検番号、氏名を必ず記入してください。
   - (3)　　係員の指示に従って、問題数を確かめてください。それらに異常がある場合は、黙って手を挙げてください。問題はA群(真偽法)とB群(多肢択一法)とに分かれています。
   - (4)　　試験開始の合図で始めてください。
   - (5)　　解答の方法(真偽法と多肢択一法の併用)は次のとおりです。
     - イ．　A群の問題(真偽法)は、一つ一つの問題の内容が正しいか、誤っているかを判断して解答してください。
     - ロ．　B群の問題(多肢択一法)は、正解と思うものを一つだけ選んで、解答してください。二つ以上に解答した場合は誤答となります。
     - ハ．　答案用紙(マークシート用紙)へ解答する際は、答案用紙に記載されている注意事項に従ってください。
     - ニ．　答案用紙の解答欄は、A群の問題とB群の問題とでは異なります。所定の解答欄に、試験問題の題数に応じて解答してください。解答欄はA群は50題まで、B群は25題まで解答できるようになっています。
   - (6)　　電子式卓上計算機その他これと同等の機能を有するものは、使用してはいけません。
   - (7)　　携帯電話等は、使用してはいけません。
   - (8)　　試験中、質問があるときは、黙って手を挙げてください。ただし、試験問題の内容、漢字の読み方等に関する質問にはお答えできません。
   - (9)　　試験終了時刻前に解答ができあがった場合は、黙って手を挙げて、係員の指示に従ってください。
   - (10)　試験中に手洗いに立ちたいときは、黙って手を挙げて、係員の指示に従ってください。
   - (11)　試験終了の合図があったら、筆記用具を置き、係員の指示に従ってください。

1　直流電動機において、回転子の電機子コイルには波巻コイルと重ね巻きコイルの2
　　種類があり、高電圧小電流のものには重ね巻きが、低電圧大電流のものには波巻が
　　使用される。

2　日本工業規格(JIS)によれば、電気絶縁の耐熱クラスの指定文字を、その推奨最高
　　連続使用温度の低い順に左から並べたものとして、次の順序は正しい。
　　　　Y、A、E、B

3　圧着工具は、端子に合うダイスを使用する。

4　日本工業規格(JIS)によれば、特性要因図とは、特定の結果(特性)と要因との関係を
　　系統的に表した図である。

5　M形ノギスで穴の内径を測定する場合、一般に、デプスバーの部分を使用する。

6　けがき針を用いてけがき線を引くときは、1回で引くより、最初に弱くけがき、次
　　に強くけがくのがよい。

7　タップ作業に使用する等径ハンドタップは、先・中・上げに分けられ、食いつき部
　　は先タップが最も長い。

8　鋼材の熱処理において、焼なましを行うと鋼材は軟らかくなる。

9　化学物質排出把握管理促進法(PRTR法)によれば、電気機器組立てに使用される、ね
　　じ・ボルト類の六価クロムメッキ品は、規制対象外である。

10　クレーン作業を二人以上で行う場合、クレーンの合図は指名された者が行う。

11　日本電機工業会規格(JEM)によれば、配電盤・制御盤の器具及び導体に色別を施す
　　場合、交流単相回路を色別するものとして、下記に示すものはすべて正しい。
　　　　第1相　　　赤
　　　　中性相　　　白
　　　　第2相　　　青

12　日本電機工業会規格(JEM)によれば、配電盤・制御盤の寸法は、盤の高さH、幅
　　W、奥行きDの順に表示(呼称)する。

13　日本電機工業会規格(JEM)による制御器具番号において、下記に示す基本器具番号
　　と器具名称との組合せは、いずれも正しい。
　　　　27・・・交流不足電圧継電器
　　　　51・・・交流過電流継電器又は地絡過電流継電器
　　　　59・・・交流過電圧継電器

[A群(真偽法)]

14 一般に、配電盤・制御盤に取り付けられる監視用の電圧計及び電流計の階級は、0.5級である。

15 変圧器の冷却法には、自冷式・風冷式(空冷式)・水冷式などがある。

16 日本電機工業会規格(JEM)によれば、金属閉鎖形スイッチギヤの交流三相回路の主回路導体配置は、各回路部分における主となる開閉機器の操作装置側又はこれに準じる側から見て、次のようになる。

　　左右の場合：右　か　ら　　　　第1相　第2相　第3相　中性相
　　上下の場合：上　か　ら　　　　第1相　第2相　第3相　中性相
　　遠近の場合：近い方から　　　　第1相　第2相　第3相　中性相

17 日本電機工業会規格(JEM)によれば、盤の塗装色は、マンセル値 5Y7/1 である。

18 電流動作形漏電遮断器は、地絡電流を変圧器によって検出し、自動遮断させる。

19 日本電機工業会規格(JEM)によれば、下記に示す遮断器の種類と文字記号の組合せは、すべて正しい。
　(1)　油遮断器　　OCB
　(2)　磁気遮断器　MCB
　(3)　ガス遮断器　GCB

20 大電流を遮断する場合、一般に直流より交流のほうが遮断しやすい。

21 ゴム座の付いている器具類(押しボタンスイッチなど)は、盤の板厚によって盤の表面側にゴム座の枚数を加減して、使用する。

22 日本電機工業会規格(JEM)によれば、配電盤・制御盤内の配線方式には、ダクト配線と束配線の併用方式は、禁止されている。

23 電力計の測定値は、一般にkWhで表される。

24 日本電機工業会規格(JEM)によれば、配電盤・制御盤の盤内低圧配線用に規定されているシールド線の色別は、単心の絶縁被覆では、灰色である。

25 鉛フリーはんだ付けの特徴として、下記はすべて正しい。
　・　鉛入りはんだと比較して、溶ける温度が高い。
　・　はんだ付けで大切な「ぬれ性」が悪い。
　・　手はんだ作業の難易度が上がる。

1 電気系統の遅れ力率を改善することを目的に用いられる機器として、正しいものはどれか。
 イ 抵抗器
 ロ 分路リアクトル
 ハ 電力用コンデンサ
 ニ 変圧器

2 文中の( )内に当てはまる語句として、正しいものはどれか。
 はんだ付け作業におけるフラックスの主な働きに、( )がある。
 イ はんだの融点を下げる作用
 ロ 金属やはんだ表面を洗浄する作用
 ハ 継手部のはんだの温度を緩やかに上げる作用
 ニ 金属やはんだ表面を酸化する作用

3 120/15Aの変流器と、30Aの電流計を用いて負荷電流を測定したところ、電流計の指示が5Aであった。このときの負荷電流として、正しいものはどれか。
 イ 20A
 ロ 40A
 ハ 60A
 ニ 80A

4 フレミングの左手の法則で、人差し指の示す方向として、正しいものはどれか。
 イ 電磁力の方向
 ロ 磁界の方向
 ハ 電流の方向
 ニ 運動の方向

5 下図の回路で電流計に電流が流れないとき、抵抗Rの値として、正しいものはどれか。
 イ 3
 ロ 5
 ハ 7
 ニ 10

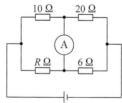

6 ある抵抗に電圧を加え、さらに電圧を上げていった場合の電流の変化に関する記述として、正しいものはどれか。
 イ 電圧に比例して増加する。
 ロ 電圧の2乗に比例して増加する。
 ハ 電圧に反比例して減少する。
 ニ 電圧に関係なく一定である。

［B群(多肢択一法)］

7 日本工業規格(JIS)によれば、寸法線の記入方法として、誤っているものはどれか。

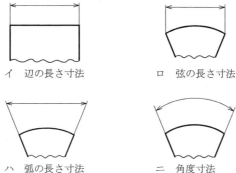

イ 辺の長さ寸法 　　ロ 弦の長さ寸法

ハ 弧の長さ寸法 　　ニ 角度寸法

8 動力伝達機構に関する記述として、誤っているものはどれか。
　　イ 歯車には、回転力を確実に伝え、回転方向や速さを変える役割がある。
　　ロ クラッチは、動力の変速を行う。
　　ハ たわみ軸継手は、両軸心が一致しない場合の継手である。
　　ニ リンク機構は、細長い棒を組み合わせ、継ぎ目をピンで互いに回転できるようにした機構である。

9 下図のような切り欠きを施したブロックのうち、強度上、総合的に最も条件のよいものはどれか。ただし、寸法A、B、C、Dは、それぞれ同じものとする。

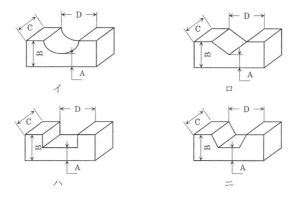

イ　　　　　　　　　ロ

ハ　　　　　　　　　ニ

10 電気機器に使用される絶縁材料として、当てはまらないものはどれか。
　　イ はがしマイカ(雲母)
　　ロ けい素鋼板
　　ハ 集成マイカ(雲母)
　　ニ ガラス繊維

[B群(多肢択一法)]

11 日本工業規格(JIS)によれば、銅線用圧着端子において、取付孔が二つの裸端子の
記号として、正しいものはどれか。
　イ　R
　ロ　RD
　ハ　RAD
　ニ　RBA

12 交流電磁接触器の主回路の定格使用電圧として、日本電機工業会規格(JEM)に規定
されていないものはどれか。
　イ　100 V
　ロ　110 V
　ハ　200 V
　ニ　210 V

13 文中の(　　)内に当てはまる数値として、正しいものはどれか。
　　日本工業規格(JIS)によれば、定格電圧がAC100 Vのキャビネット形分電盤にお
　いて、定格絶縁電圧が60 Vを超え250 V以下の場合、商用周波耐電圧は(　　)V、
　1分間であると規定されている。
　イ　1000
　ロ　1500
　ハ　2000
　ニ　2500

14 日本工業規格(JIS)によれば、キュービクル式高圧受電設備の耐電圧試験におい
て、誤っているものはどれか。
　イ　高圧回路各相間の雷インパルス耐電圧値は、60kVである。
　ロ　高圧回路各相間の商用周波耐電圧値及び時間は、10350V、1分間である。
　ハ　低圧回路と大地との間の商用周波耐電圧値及び時間は、回路電圧が60Vを超
　　え250V以下の場合、1500V、1分間である。
　ニ　低圧回路と大地との間の商用周波耐電圧値及び時間は、回路電圧が250Vを
　　超え600V以下の場合、2000V、1分間である。

15 日本電機工業会規格(JEM)によれば、配電盤・制御盤の試験で、製作完了した盤の
受渡試験に該当しないものはどれか。
　イ　外観構造試験
　ロ　耐電圧試験
　ハ　シーケンス試験
　ニ　温度上昇試験

［B群(多肢択一法)]

16 日本電機工業会規格(JEM)によれば、配電盤・制御盤用回転形スイッチのハンドル
の形状において、遮断器などの入り・切り、機器の始動・停止及びこれに類する制
御に用いるスイッチのうち、操作スイッチに使用するものはどれか。
イ 菊形
ロ 卵形
ハ ステッキ形
ニ 指針形

17 常温において、金属材料を導電率の低いほうから高いほうへ、左から順に並べたも
のとして、正しいものはどれか。
イ 銀、銅、鉄、アルミニウム
ロ 銅、銀、アルミニウム、鉄
ハ アルミニウム、鉄、銅、銀
ニ 鉄、アルミニウム、銅、銀

18 制御回路用電線の1.25mm²未満の適用及び定格電圧600V以下を適用する場合の傾
向として、一般に、適切でないものはどれか。
イ 器具の小型化に伴う電線接続端子部の縮小化
ロ 盤取付器具の高密度化
ハ 盤の大型化
ニ 盤内配線の複雑化

19 かご形三相誘導電動機の始動法として、誤っているものはどれか。
イ 直入始動法
ロ Y—Δ始動法
ハ 一次抵抗始動法
ニ 二次抵抗始動法

20 配電盤・制御盤をトラックで輸送するとき、荷姿(梱包)を検討するにあたって、次
のうち最も必要性の小さい条件はどれか。ただし、盤は荷姿のままで据付場所まで
搬入するものとする。
イ 現地の騒音規制
ロ 輸送経路
ハ 搬入時天候
ニ 搬入口の寸法

21　文中の(　　)内に当てはまる語句として、正しいものはどれか。
　　　　日本電機工業会規格(JEM)によれば、電気的内容を表す図面の中で、盤の裏面
　　又は内部に配線される電線の接続及びその線種を示す図面を(　　)又は内部接続
　　図と呼ぶ。
　　　イ　裏面接続図
　　　ロ　複線接続図
　　　ハ　展開接続図
　　　ニ　単線接続図

22　電力計を用いないで単相交流回路の電力を測定する場合、必要でない計器はどれ
　　か。
　　　イ　電圧計
　　　ロ　電流計
　　　ハ　力率計
　　　ニ　磁束計

23　交流回路に使用しない計器はどれか。
　　　イ　電流力計形計器
　　　ロ　可動コイル形計器
　　　ハ　整流形計器
　　　ニ　可動鉄片形計器

24　日本電機工業会規格(JEM)において、デスク形配電盤(DE-1)の傾斜面角度は、次の
　　うちどれか。
　　　イ　15°
　　　ロ　20°
　　　ハ　25°
　　　ニ　30°

25　日本電機工業会規格(JEM)において、フィードバック制御に関する記述として、正
　　しいものはどれか。
　　　イ　制御量を目標値と比較し、それらを一致させるように訂正動作を行う制御。
　　　ロ　あらかじめ定めた順序に従って、制御の各段階を逐次進めていく制御。
　　　ハ　工作物に対する工具の位置を、それに対応する数値情報で指令する制御。
　　　ニ　工業プロセスの状態に関する諸量(温度、流量、圧力など)の制御。

平成31年度 技能検定
1級 電気機器組立て 学科試験問題
（配電盤・制御盤組立て作業）

1. 試験時間　　1時間40分
2. 問題数　　　50題(A群25題、B群25題)
3. 注意事項
   (1)　　係員の指示があるまで、この表紙はあけないでください。
   (2)　　答案用紙(真偽法と多肢択一法の併用)に検定職種名、作業名、級別、受検番号、氏名を必ず記入してください。
   (3)　　係員の指示に従って、問題数を確かめてください。それらに異常がある場合は、黙って手を挙げてください。問題はA群(真偽法)とB群(多肢択一法)とに分かれています。
   (4)　　試験開始の合図で始めてください。
   (5)　　解答の方法(真偽法と多肢択一法の併用)は次のとおりです。
   　　イ．　A群の問題(真偽法)は、一つ一つの問題の内容が正しいか、誤っているかを判断して解答してください。
   　　ロ．　B群の問題(多肢択一法)は、正解と思うものを一つだけ選んで、解答してください。二つ以上に解答した場合は誤答となります。
   　　ハ．　答案用紙(マークシート用紙)へ解答する際は、答案用紙に記載されている注意事項に従ってください。
   　　ニ．　答案用紙の解答欄は、A群の問題とB群の問題とでは異なります。所定の解答欄に、試験問題の題数に応じて解答してください。解答欄はA群は50題まで、B群は25題まで解答できるようになっています。
   (6)　　電子式卓上計算機その他これと同等の機能を有するものは、使用してはいけません。
   (7)　　携帯電話等は、使用してはいけません。
   (8)　　試験中、質問があるときは、黙って手を挙げてください。ただし、試験問題の内容、漢字の読み方等に関する質問にはお答えできません。
   (9)　　試験終了時刻前に解答ができあがった場合は、黙って手を挙げて、係員の指示に従ってください。
   (10)　　試験中に手洗いに立ちたいときは、黙って手を挙げて、係員の指示に従ってください。
   (11)　　試験終了の合図があったら、筆記用具を置き、係員の指示に従ってください。

[A群(真偽法)]

1　配線用遮断器は、同一定格電流であっても定格遮断容量の異なる機器がある。

2　電線の心線がより線の場合には、圧着端子を用いることはできない。

3　誘導電動機において4極と6極の極数変換は、一般に、一種類のコイル(単一巻線)で変換が可能である。

4　絶縁物を乾燥する場合には絶縁物の温度を上昇させる方法をとるが、その乾燥温度はその絶縁物の耐熱クラスを考慮して決める必要がある。

5　ドリルの先端角は、被削材の材質に関係なく、118°としなければならない。

6　M形ノギスで内径を測定する場合、デプスバーを使用する。

7　物体の応力とひずみは、弾性限度内であれば反比例の関係になる。

8　電気用品安全法の目的は、電気用品の製造、販売等を規制するとともに、電気用品の安全性の確保につき民間事業者の自主的な活動を促進することにより、電気用品による危険及び障害の発生を防止することである。

9　労働安全衛生法関係法令によれば、機械間又はこれと他の設備との間に設ける通路の幅については、70cm以上とすることと規定されている。

10　労働安全衛生関係法令によれば、事業者は、高さが2m以上の箇所で作業を行う場合において、墜落により労働者に危険を及ぼすおそれのあるときは、足場を組み立てる等の方法により作業床を設けなければならない。また、作業床を設けることが困難なときは、防網を張り、労働者に墜落制止用器具(安全帯)を使用させる等墜落による労働者の危険を防止するための措置を講じなければならない。

11　プラッギング(逆トルク制動)とは、電動機に逆相又は逆極性の電源を供給することによって、逆トルクを発生させて行う制動のことをいう。

12　直流分巻電動機を速度制御するには、界磁抵抗を調整する方法と電機子電圧を調整する方法とがある。

13　日本電機工業会規格(JEM)によれば、低圧スイッチギヤの保護等級「危険な部分への接近に対する保護」の一つに、指(直径12mm、長さ80mmの試験指)は、閉鎖箱から排除される対象物として定められている。

14　日本電機工業会規格(JEM)によれば、高圧コンビネーションスタータは、使用されている高圧接触器の遮断の媒体によって、次の3種類に分類されている。
　　(1)気中形　　(2)真空形　　(3)ガス封入形

[A群(真偽法)]

15 下記に示す計器の名称と単位の関係は、すべて正しい。
   電圧計‥‥‥V　　無効電力計‥‥var
   周波数計‥‥Hz　電力量計‥‥‥Wh

16 変流器の二次負荷インピーダンスが大きいほど、変流器の負担は小さくなる。

17 日本電機工業会規格(JEM)によれば、電磁接触器において、交流600Vは主回路の
   定格絶縁電圧として規定されている。

18 日本工業規格(JIS)によれば、保護等級について、IPコード構成の第二特性数字
   "6"は、暴噴流に対して保護されていることを表している。

19 一般に、はんだ付け用の無機系のフラックスは、有機系のものに比べ、腐食性が弱
   い。

20 変圧器には、変圧比が1：1のものもある。

21 労働安全衛生関係法令によれば、つり上げ荷重が1トン以上のクレーンにてつり上
   げ運搬する場合、玉掛け作業はクレーン運転免許を有していれば行うことができ
   る。

22 架橋ポリエチレン絶縁電線は、一般のビニル絶縁電線に比べ、耐熱性が優れてい
   る。

23 電流計には内部抵抗があり、電流を測定するために回路に直列に電流計を接続する
   と、回路の電気抵抗が増えて、実際に流れる電流よりも少ない電流が、計測され
   る。

24 短絡電流による電磁力によって互いに平行な母線相互間に作用する機械力は、電流
   の2乗及び母線相互間の距離に比例する。

25 板金製品の表面処理で行う酸洗いは、材料表面の汚れや錆(酸化膜)を除去し、メッ
   キや塗装を容易にすることや、仕上がりを向上させること等が目的である。

[B群(多肢択一法)]

1　内部抵抗200kΩ、最大測定範囲が300Vの電圧計を用いて、450Vの電圧を測定する
　ときの方法として、正しいものはどれか。

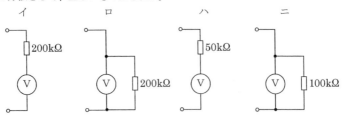

2　文中の(　)内に当てはまる数値として、正しいものはどれか。
　　正規分布を示す母集団にあっては、3σ管理限界線を外れる確率は、約(　)で
　ある。
　　イ　1/10
　　ロ　3/10
　　ハ　1/100
　　ニ　3/1000

3　下図のab間の合成抵抗値Rとして、正しいものはどれか。
　　イ　1Ω
　　ロ　2Ω
　　ハ　3Ω
　　ニ　4Ω

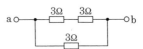

4　交流回路の主な構成要素である抵抗R、インダクタンスL、インピーダンスZ及び静
　電容量Cの単位記号として、誤っているものはどれか。
　　　　　構成要素　　　　　単位記号
　　イ　抵抗：R············　Ω
　　ロ　インダクタンス：L···　H
　　ハ　インピーダンス：Z···　A
　　ニ　静電容量：C········　F

5　文中の(　)内に当てはまる語句として、正しいものはどれか。
　　鉄心を貫く磁束が変化すると起電力が生じ、うず電流が流れ、(　)が発生し
　て損失となる。これをうず電流損という。
　　イ　ヒステリシス損
　　ロ　電力熱
　　ハ　ジュール熱
　　ニ　鉄損

［B群(多肢択一法)］

6　下図に示す見取図を第三角法で投影した図として、正しいものはどれか。

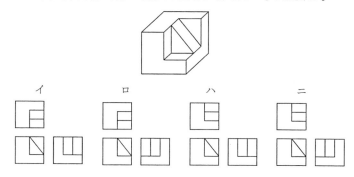

7　図の歯車機構において、歯車のピッチ円の直径がA：90 mm、B：150 mm、C：30 mmの場合、歯車Cを90 min⁻¹で回転させたとき、歯車Aの回転速度はいくらか。

イ　20 min⁻¹
ロ　30 min⁻¹
ハ　40 min⁻¹
ニ　50 min⁻¹

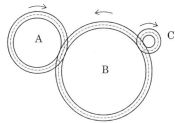

8　けがき作業において、使われない工具はどれか。
イ　トースカン
ロ　けがき針
ハ　リーマ
ニ　Vブロック

9　冷間圧延鋼板の種類を表す記号として、誤っているものはどれか。
イ　SPCC
ロ　SPHC
ハ　SPCE
ニ　SPCD

10　材料としてのアルミニウムと銅の特性の違いに関する記述として、誤っているものはどれか。
イ　アルミニウムの比重は、銅の1／2以下である。
ロ　アルミニウムは、銅より線膨張率が大きい。
ハ　アルミニウムは、常温において、銅より体積抵抗率が小さい。
ニ　アルミニウムは、銅より融点が低い。

[B群(多肢択一法)]

11 日本電機工業会規格(JEM)によると、電動機制御用操作スイッチのボタンの文字及びその配列(縦に配列した場合)として、正しいものはどれか。

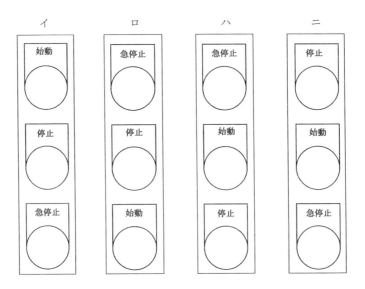

```
     イ          ロ          ハ          ニ
   ┌────┐    ┌────┐    ┌────┐    ┌────┐
   │ 始動 │    │ 急停止│    │ 急停止│    │ 停止 │
   │  ◯  │    │  ◯  │    │  ◯  │    │  ◯  │
   │     │    │     │    │     │    │     │
   │ 停止 │    │ 停止 │    │ 始動 │    │ 始動 │
   │  ◯  │    │  ◯  │    │  ◯  │    │  ◯  │
   │     │    │     │    │     │    │     │
   │ 急停止│    │ 始動 │    │ 停止 │    │ 急停止│
   │  ◯  │    │  ◯  │    │  ◯  │    │  ◯  │
   └────┘    └────┘    └────┘    └────┘
```

12 日本電機工業会規格(JEM)に規定されているスタンド形配電盤・制御盤の寸法記号とその呼称基準との組合せとして、誤っているものはどれか。

	記号	呼称基準
イ	W	箱体の幅寸法
ロ	H	箱体の高さ寸法
ハ	Hc	支柱のベース下面から箱体上面までの寸法
ニ	D	箱体の奥行き寸法

13 文中の( )内に当てはまる語句と数値の組合せとして、正しいものはどれか。
　　高調波吸収用LCフィルタは、リアクトルとコンデンサの(A)現象を利用したものであり、5次高調波電流吸収用の場合、誘導性リアクタンスの値は容量性リアクタンスの値の(B)%となる。ただし、容量はいずれも基本波に対する値とする。

	A	B
イ	直列共振	4
ロ	直列共振	2
ハ	並列共振	4
ニ	並列共振	2

［B群(多肢択一法)］

14 日本電機工業会規格(JEM)によれば、配電盤・制御盤の図面の種類として、次の使用目的に当てはまる図面の名称はどれか。

　設備、装置及び機器の動作を、各構成要素の物理的寸法及び配置に関係なく、主として機能を中心とした電気的接続を図記号によって表現する図(一般に、シーケンス図ともいう。)。

　イ　配置図
　ロ　展開接続図
　ハ　基礎図
　ニ　組立図

15 日本電機工業会規格(JEM)によれば、配電盤・制御盤の外観構造による表示方法において、図は垂直自立形、正面監視、正面扉を示すが、その基本記号として、正しいものはどれか。

　イ　BE－3
　ロ　VS－3
　ハ　ST－3
　ニ　CD－3

平面図　　　　側面図

16 電力用コンデンサの特徴及び用途に関する記述として、誤っているものはどれか。

　イ　送電系統の負荷と直列に接続し使用される。
　ロ　回路の力率改善に使用される。
　ハ　電圧調整などの目的に使用される。
　ニ　電力用コンデンサは、油入コンデンサが多い。

17 電気設備の技術基準の解釈によれば、下図の回路及び条件の場合における電線の許容電流 I [A]として、正しいものはどれか。ただし、Imは電動機等の定格電流を、Irは電動機等以外の定格電流を表す。

　イ　$I \geqq 1.25 \Sigma Im + \Sigma Ir$
　ロ　$I \geqq \Sigma Im + 1.25 \Sigma Ir$
　ハ　$I \geqq 1.1 \Sigma Im + \Sigma Ir$
　ニ　$I \geqq \Sigma Im + \Sigma 1.1 Ir$

条件：$\Sigma Im > \Sigma Ir$
　　　$\Sigma Im > 50$ [A]

18 日本工業規格(JIS)によれば、下図の図記号は何を表しているか。

　イ　避雷針
　ロ　アンテナ
　ハ　電柱
　ニ　鉄塔

19 下図のように2台の直流電流計を接続したとき、電流計A₁の指示値は10Aであった。電流計A₂の指示値として、正しいものはどれか。
　　ただし、電流計A₁、A₂の内部抵抗は、それぞれ1Ωとする。

　　　　イ　6.7A
　　　　ロ　8A
　　　　ハ　8.3A
　　　　ニ　10A

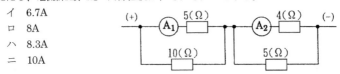

20 日本配電制御システム工業会規格(JSIA)に規定されている、継電器名称と電気用図記号との組合せのうち、誤っているものはどれか。

	継電器名称	電気用図記号
イ	過電流継電器…………	$I >$
ロ	地絡過電流継電器……	$I \fallingdotseq >$
ハ	逆電力継電器…………	$P \leftarrow$
ニ	不足電圧継電器………	$V <$

21 下図に示す単線接続図において、機器①、②及び③に日本電機工業会規格(JEM)に定められた制御器具番号を付す場合の表記として、正しいものはどれか。
　　なお、使用している図記号は日本工業規格(JIS)による。

	①	②	③
イ	89	52	67
ロ	52	89	67
ハ	89	52	51
ニ	52	89	51

3φ3W 6600V60Hz

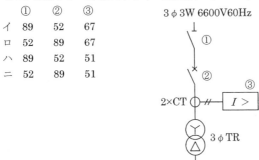

[B群(多肢択一法)]

22　下図は、三相誘導電動機の可逆回路を示す単線接続図である。単線接続図の中で使
　　用されている機器で、適切でないものはどれか。
　　　イ　配線用遮断器(MCCB)
　　　ロ　電磁接触器(88F、88R)
　　　ハ　変流器(CT)
　　　ニ　保護継電器(3E)

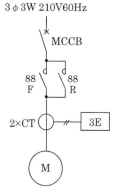

3φ3W 210V60Hz

23　日本工業規格(JIS)による600Vビニル絶縁ビニルシースケーブル(VV)の線心の識別
　　で、4心の場合、絶縁体の色の組合せとして、適切なものはどれか。
　　　イ　黒　　白　　赤　　緑
　　　ロ　黒　　白　　茶　　黄
　　　ハ　赤　　白　　青　　緑
　　　ニ　赤　　黄　　青　　緑

24　日本工業規格(JIS)によれば、はんだの形状並びに記号の組合せとして、誤ってい
　　るものはどれか。
　　　　　　形状　　　　記号
　　　イ　塊状　　　　 I
　　　ロ　棒状　　　　 B
　　　ハ　帯状　　　　 P
　　　ニ　線状　　　　 W

25　文中の(　　)内に当てはまる数値として、適切なものはどれか。
　　　日本工業規格(JIS)のキュービクル式高圧受電設備によれば、高圧回路の高圧用
　　絶縁電線は、端末部の外被端から(　　)mm以内は、絶縁テープ処理を行って
　　も、その表面を高圧充電部とみなす。
　　　イ　20
　　　ロ　50
　　　ハ　70
　　　ニ　90

平成３０年度 技能検定
１級 電気機器組立て 学科試験問題
（配電盤・制御盤組立て作業）

1. 試験時間　　１時間 40 分
2. 問題数　　　50 題(A 群 25 題、B 群 25 題)
3. 注意事項
   (1)　　係員の指示があるまで、この表紙はあけないでください。
   (2)　　答案用紙(真偽法と多肢択一法の併用)に検定職種名、作業名、級別、受検番号、氏名を必ず記入してください。
   (3)　　係員の指示に従って、問題数を確かめてください。それらに異常がある場合は、黙って手を挙げてください。問題は A 群(真偽法)と B 群(多肢択一法)とに分かれています。
   (4)　　試験開始の合図で始めてください。
   (5)　　解答の方法(真偽法と多肢択一法の併用)は次のとおりです。
   　　イ．　　A 群の問題(真偽法)は、一つ一つの問題の内容が正しいか、誤っているかを判断して解答してください。
   　　ロ．　　B 群の問題(多肢択一法)は、正解と思うものを一つだけ選んで、解答してください。二つ以上に解答した場合は誤答となります。
   　　ハ．　　答案用紙(マークシート用紙)へ解答する際は、答案用紙に記載されている注意事項に従ってください。
   　　ニ．　　答案用紙の解答欄は、A 群の問題と B 群の問題とでは異なります。所定の解答欄に、試験問題の題数に応じて解答してください。解答欄は A 群は 50 題まで、B 群は 25 題まで解答できるようになっています。
   (6)　　電子式卓上計算機その他これと同等の機能を有するものは、使用してはいけません。
   (7)　　携帯電話等は、使用してはいけません。
   (8)　　試験中、質問があるときは、黙って手を挙げてください。ただし、試験問題の内容、漢字の読み方等に関する質問にはお答えできません。
   (9)　　試験終了時刻前に解答ができあがった場合は、黙って手を挙げて、係員の指示に従ってください。
   (10)　　試験中に手洗いに立ちたいときは、黙って手を挙げて、係員の指示に従ってください。
   (11)　　試験終了の合図があったら、筆記用具を置き、係員の指示に従ってください。

[A群(真偽法)]

1 電力系統に使用される電力用コンデンサの中には、力率を改善し、系統電圧の低下を抑制するものがある。

2 日本工業規格(JIS)によれば、使用電圧が交流600V以下の需要場所の電気設備等における接地線及び接地端子の色は、黒である。

3 静止器である変圧器の巻線の支持は、自重及び輸送時の振動に耐えられるものにすればよい。

4 電気機器の絶縁物は、その使用電圧、使用温度、必要とされる機械的強度、製品設計ライフタイム、コストなどにより選択される。

5 金切りのこは、一般に、硬い材料の切断には歯数の細かいものを使用し、柔らかい材料の切断には歯数の粗いものを使用するとよい。

6 日本工業規格(JIS)に規定されたノギスのバーニヤ目盛の中で、本尺目盛の$(n-1)$をn等分したものでは、本尺の最小目盛が1mmの場合、ノギスの最小読取値は、$1 \times \{1-(n-1)/n\}$ mmとなる。

7 弾性材料に加えられた力がその材料の弾性限度内の場合、その力により生じたひずみは、力を取り去ることにより元に戻るので、力を繰り返し加えても破壊することはない。

8 消防法で規定されている危険物は、その物品の密度によって第一類から第六類に分類される。

9 労働安全衛生関係法令によれば、玉掛け用ワイヤロープの安全係数は、1.5以上とすることと規定されている。

10 労働安全衛生関係法令によれば、紙、布、ワイヤロープ等の巻取りロール、コイル巻等で労働者に危険を及ぼすおそれのあるものには、覆い、囲い等を設けなければならない。

11 日本電機工業会規格(JEM)によれば、配電盤・制御盤の保護等級において、IPコード構成の第二特性数字"5"は、噴流に対して保護されていることを表している。

12 日本電機工業会規格(JEM)によれば、盤の構造に関する遮へい板は、盤取付機器の保護、事故の波及防止、安全性の確保、ノイズ対策、熱対策などを目的として設けたカバー又は仕切板の総称である。

13 日本電機工業会規格(JEM)によれば、低圧スイッチギヤの保護等級の一つとして、閉鎖箱及び仕切板によって、指(直径12mm、長さ80mmの試験指)による危険な部分への接近に対する保護が、定められている。

14　サイリスタ(シリコン制御整流素子)は、アノード、カソード、ゲートの3極を持ち、カソードにパルス電圧を加えることにより、出力電流を制御する素子である。

15　図の変流器二次回路に2.5A流れたとき、交流電流トランスデューサの出力電流は12mAである。

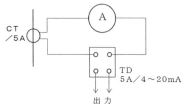

16　日本電機工業会規格(JEM)によれば、コントロールセンタの形式の「形」には、次の3種類がある。
　　(1)　S　：　片面形(機能ユニットが片面だけにあるもの)
　　(2)　D　：　両面形(機能ユニットが両面にあるもの)
　　(3)　T　：　3面形(機能ユニットが3面にあるもの)

17　日本電機工業会規格(JEM)によれば、配電盤・制御盤の寸法呼称基準において、高さ(H)には、天井の一部に設けられた換気口カバー・吊上げ金具などの寸法が含まれる。

18　三相誘導電動機の始動時にY−△始動回路を使用する主な目的は、始動トルクを増すためである。

19　日本工業規格(JIS)によれば、銅線用圧着端子の絶縁付端子には、直管形と拡管形がある。

20　ダクト配線方式は、電線がダクト内に収納されるため、外部からの電線損傷の危険性が少なく、また、外観も整然としているが、作業性の悪い配線方式である。

21　半導体素子を放熱板に取り付ける場合は、両者の接触抵抗や締付力によるひずみを考慮して、規定のトルク値で締め付けなければならない。

22　電子制御回路における電磁誘導ノイズを防止する手段としては、一般に、信号線の往復電線をより合わせるツイストペア配線方式がとられる。

23　歯付き座金は、座金の内側、外側又は両側に歯を付けたものであるため、使用時に、きず防止のため平ワッシャを入れて締め付ける。

[A群(真偽法)]

24 停電して作業を行う場合には、電源側の短絡接地を行い、誤送電や他回路からの誘導による感電事故を防止することが必要である。

25 日本電機工業会規格(JEM)によれば、配電盤・制御盤の配線方式における配線の分岐は、外部から容易に確認できる場所で確実に接続すれば、端子において行わない他の方法も例外的に認められている。

1　最大目盛150Vの電圧計2台を、図のように直列にして200Vの電源に接続したとき、V_1、V_2それぞれの電圧計の指示として、正しいものはどれか。
　　ただし、図中の抵抗値は電圧計の内部抵抗を示すものとする。

　　　イ　$V_1=100V$、$V_2=150V$

　　　ロ　$V_1=100V$、$V_2=100V$

　　　ハ　$V_1=80V$、$\ \ \ V_2=120V$

　　　ニ　$V_1=120V$、$V_2=80V$

2　品質管理の手法の中で、結果や現象に対する因果関係を整理して分析するのに適したものはどれか。
　　　イ　管理図
　　　ロ　ヒストグラム
　　　ハ　特性要因図
　　　ニ　工程能力図

3　ペルチェ効果に関する記述として、正しいものはどれか。
　　　イ　異なった2種類の金属を両端で接触させたとき、その両端に温度差があると電流が流れる現象。
　　　ロ　異なった2種類の金属を貼り合せたときに温度差があると、変形する現象。
　　　ハ　ガラスを綿布で摩擦したときに、帯電する現象。
　　　ニ　2種の異なる金属を接合して直流電流を流した場合、接合点で熱の発生又は吸収が生じる現象。

4　一次電圧6000V、一次巻線の巻数4500の変圧器がある。二次電圧100Vを得るための二次巻線の巻数として、正しいものはどれか。
　　　イ　25
　　　ロ　50
　　　ハ　75
　　　ニ　100

5　下図に示す回路の力率として、正しいものはどれか。
　　　イ　0.4
　　　ロ　0.6
　　　ハ　0.8
　　　ニ　1.0

［B群(多肢択一法)］

6 日本工業規格(JIS)に規定されている電気用図記号とその名称との組合せとして、誤っているものはどれか。

　　　　　　　　　図記号　　　　名称

　イ　　　　　　　半導体ダイオード

　ロ　　　　　　　ヒューズ

　ハ　　　　　　　ランプ

　ニ　　　　　　　手動操作の押しボタンスイッチ(自動復帰)

7 はすば歯車に関する記述として、正しいものはどれか。
　　イ　歯すじが斜めで、かみ合いが大きいので、回転が滑らかであるが、軸方向に推力が生じる欠点がある。
　　ロ　相交わる2軸間に使われる歯車である。
　　ハ　同一平面にない2軸が、互いに直角をなすときの動力伝達に用いられ、減速比を大きくとれる。
　　ニ　歯すじが、軸に平行でないので製作時の加工が容易である。

8 一般的なドリルの先端角に関する記述として、正しいものはどれか。
　　イ　左右対称角度でなくても、穴径の精度には影響しない。
　　ロ　一般に、材料の硬さに関係なく、一定角度118°とする。
　　ハ　一般に、材料が硬いものに対し、角度を大きくする。
　　ニ　一般に、材料が軟らかいものに対し、角度を大きくする。

9 クロムめっきの一般的な特徴として、適切でないものはどれか。
　　イ　耐摩耗性に優れる。
　　ロ　ピンホールが発生しやすい。
　　ハ　塩酸に溶ける。
　　ニ　表面硬度が低い。

10 電気材料に関する記述として、誤っているものはどれか。
　　イ　陶磁器類は、絶縁材料として、電気機器に使用される。
　　ロ　常温では、銀は、抵抗率の小さい金属材料である。
　　ハ　シリコンは、一般に、半導体材料として用いられている。
　　ニ　マイカ(雲母)は、自然界が生んだ半導体材料である。

11 日本電機工業会規格(JEM)による制御器具番号において、基本器具番号とその器具
名称の組合せのうち、正しいものはどれか。

　　　　基本器具番号　　　　器具名称
　イ　　52　　　　　　　　交流遮断器又は接触器
　ロ　　59　　　　　　　　交流過電流継電器
　ハ　　8　　　　　　　　操作スイッチ
　ニ　　29　　　　　　　　警報装置

12 日本電機工業会規格(JEM)によれば、垂直自立形(閉鎖形)配電盤・制御盤のベース
の高さ寸法として、規定されているものは次のうちどれか。
　イ　50 mm
　ロ　75 mm
　ハ　120 mm
　ニ　150 mm

13 日本工業規格(JIS)によれば、キュービクル式高圧受電設備に関する記述として、誤
っているものはどれか。
　イ　キュービクルは、高圧の受電設備として使用する機器一式を一つの外箱に収
　　　めたものをいう。
　ロ　主遮断装置は、キュービクルの受電用遮断装置として用いるもので、電路に
　　　過負荷電流、短絡電流などが生じたとき、自動的に電路を遮断する能力をも
　　　つものである。
　ハ　主遮断装置がCB形の場合、受電設備容量は3000 kVA以下である。
　ニ　1台の変圧器容量は、500 kVA以下とする。

14 日本電機工業会規格(JEM)に規定されている配電盤・制御盤に用いられるランプ式
故障表示方式として、誤っているものはどれか。
　イ　F1方式　故障時点灯
　ロ　F2方式　故障時点灯・警報停止付き
　ハ　F3方式　故障時フリッカ・警報停止付き・表示復帰付き
　ニ　F4方式　故障時フリッカ・警報停止(フリッカ停止兼用)付き

15 日本電機工業会規格(JEM)で規定される交流1000 V以下の電路に使用する制御盤の
絶縁距離の最小値として、正しいものはどれか。
　　ただし、絶縁距離は、定格絶縁電圧　交流200 V、定格通電電流15 A未満の充電部
と接地金属との間の絶縁距離とする。
　　　　　空間距離　　沿面距離(絶縁体がセラミックの場合)
　イ　　3 mm　　　　3 mm
　ロ　　3 mm　　　　5 mm
　ハ　　5 mm　　　　3 mm
　ニ　　5 mm　　　　5 mm

［B群(多肢択一法)］

16　日本電機工業会規格(JEM)によれば、配電盤・制御盤に使用される回転形制御スイッチで、遮断器などの入り・切り、機器の始動・停止、及びこれらに類する制御に対応するスイッチの種類として、正しいものはどれか。
　　イ　選択スイッチ
　　ロ　調整スイッチ
　　ハ　操作スイッチ
　　ニ　切換スイッチ

17　日本工業規格(JIS)によれば、下表に示す開閉装置の電気用図記号と名称との組合せとして、誤っているものはどれか。

イ	ロ	ハ	ニ
断　路　器	遮　断　器	負荷開閉器	電磁接触器

18　工具に関する記述として、誤っているものはどれか。
　　イ　リーマ通しは、加工された穴内面をきれいに仕上げ、正しい寸法にする。
　　ロ　日本工業規格(JIS)によれば、アジャスタブルダイスJ形の等級は、ねじ部の精度により精級(P)と並級(N)で表す。
　　ハ　けがき針によるけがき線は、反復してけがく。
　　ニ　組やすりの目の種類は中目、細目などがある。

19　下図のように2台の直流電流計を接続したとき、電流計A_1の指示値は10 Aであった。電流計A_2の指示値として、正しいものはどれか。
　　ただし、電流計A_1、A_2の内部抵抗は1Ωとする。
　　イ　4 A
　　ロ　6 A
　　ハ　8 A
　　ニ　10 A

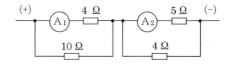

20　日本電機工業会規格(JEM)によれば、配電盤・制御盤の図面の種類において、電気的内容を表す図面として、定められていないものはどれか。
　　イ　単線接続図
　　ロ　展開接続図
　　ハ　正面接続図
　　ニ　裏面接続図

21 日本工業規格(JIS)による600Vビニル絶縁ビニルシースケーブル(VV)の線心の識別
で、4心の場合、絶縁体の色の組合せとして、適切なものはどれか。

　　イ　赤、緑、青、茶

　　ロ　黒、白、茶、黄

　　ハ　赤、緑、黄、青

　　ニ　黒、白、赤、緑

22 配線をする際に注意すべき事項として、誤っているものはどれか。

　　イ　主回路と制御回路とを分離する。

　　ロ　直流回路と交流回路とを分離する。

　　ハ　接続部分に張力が掛からないように、配線にゆとりをもたせる。

　　ニ　美観の点から、定められた曲げ半径にこだわらずに配線する。

23 一般的な導電材料に必要な条件として、誤っているものはどれか。

　　イ　導電率が大きいこと

　　ロ　比較的、引張り強さが大きいこと

　　ハ　耐食性に優れていること

　　ニ　線膨張率が大きいこと

24 日本電機工業会規格(JEM)によれば、配電盤・制御盤の配線方式のうち、制御回路
用IV電線の断面積の選定に当たって、考慮する必要のないものはどれか。

　　イ　電流容量

　　ロ　耐ノイズ性

　　ハ　電圧降下

　　ニ　保護協調

25 日本電機工業会規格(JEM)における主回路の定格絶縁電圧の標準値として、規定さ
れていない値はどれか。

　　イ　DC 60 V

　　ロ　DC 250 V

　　ハ　AC 100 V

　　ニ　AC 750 V

令和2年度 技能検定
2級 電気機器組立て 学科試験問題
（シーケンス制御作業）

1. 試験時間　1時間40分
2. 問題数　　50題(A群25題、B群25題)
3. 注意事項
   - (1)　係員の指示があるまで、この表紙はあけないでください。
   - (2)　答案用紙(真偽法と多肢択一法の併用)に検定職種名、作業名、級別、受検番号、氏名を必ず記入してください。
   - (3)　係員の指示に従って、問題数を確かめてください。それらに異常がある場合は、黙って手を挙げてください。問題はA群(真偽法)とB群(多肢択一法)とに分かれています。
   - (4)　試験開始の合図で始めてください。
   - (5)　解答の方法(真偽法と多肢択一法の併用)は次のとおりです。
     - イ．A群の問題(真偽法)は、一つ一つの問題の内容が正しいか、誤っているかを判断して解答してください。
     - ロ．B群の問題(多肢択一法)は、正解と思うものを一つだけ選んで、解答してください。二つ以上に解答した場合は誤答となります。
     - ハ．答案用紙(マークシート用紙)へ解答する際は、答案用紙に記載されている注意事項に従ってください。
     - ニ．答案用紙の解答欄は、A群の問題とB群の問題とでは異なります。所定の解答欄に、試験問題の題数に応じて解答してください。解答欄はA群は50題まで、B群は25題まで解答できるようになっています。
   - (6)　電子式卓上計算機その他これと同等の機能を有するものは、使用してはいけません。
   - (7)　携帯電話、スマートフォン、ウェアラブル端末等は、使用してはいけません。
   - (8)　試験中、質問があるときは、黙って手を挙げてください。ただし、試験問題の内容、漢字の読み方等に関する質問にはお答えできません。
   - (9)　試験終了時刻前に解答ができあがった場合は、黙って手を挙げて、係員の指示に従ってください。
   - (10)　試験中に手洗いに立ちたいときは、黙って手を挙げて、係員の指示に従ってください。
   - (11)　試験終了の合図があったら、筆記用具を置き、係員の指示に従ってください。

[A群（真偽法）]

1　変圧器の一次電圧と二次電圧の比は、巻数比に等しい。

2　巻線用電線に、丸線は使用されない。

3　サーミスタ温度計は、接触式温度計の一種である。

4　単相交流の有効電力は、皮相電力と力率の積である。

5　交流正弦波で、波高値をV_Pとすると、実効値Veは、次の式で表される。
$$Ve = \sqrt{2} \times V_P$$

6　日本産業規格(JIS)によれば、「M8-6g」は、呼び径8mmの並目ねじで、公差域クラス6g のおねじを示す。

7　すべり軸受は、一般に、転がり軸受よりも摩擦係数が小さい。

8　M形ノギスで穴の内径を測定する場合、デプスバーの部分を使用する。

9　旋盤による加工は、一般に、材料を回転させ工具を送る方式である。

10　強度の検討において、繰り返し荷重の安全率は、静荷重の場合よりも小さくする。

11　半導体に使われるガリウムの元素記号は、Gaである。

12　化学物質排出把握管理促進法(PRTR法)関係法令によれば、はんだ付けで使用されるはんだの種類で、鉛を含むものは規制対象である。

13　労働安全衛生法関係法令によれば、作業環境における作業面の明るさは、精密な作業では、300 ルクス以上が必要と規定されている。

14　危険や異常動作を防止するため、ある動作に対して異常を生じる他の動作が起こらないように制御回路上防止する手段を、インタロックという。

15　順序制御、条件制御、計数制御の三つを合わせて、PID制御という。

16　PLCで、トライアック出力は、交流負荷の高頻度開閉に適している。

［A群（真偽法）］

17　リレーのメーク接点は、リレーが動作していないときは閉じている。

18　コモンモードノイズとは、筐体あるいは大地に電流が流れ、アース間に電位差が生ずること等により起こるノイズである。

19　BCDコードは、ビットの重みを各々4ビットごとに区切り、0〜9、A、B、C、D、E、Fを使って表現する。

20　日本産業規格(JIS)によれば、ラダー図言語のコイルは、右側に接続している状態をそのまま左側に伝える。

21　日本産業規格(JIS)では、基本データ型として、UINT、REAL、TIME、DWORDなどを規定している。

22　オンディレイタイマとは、入力値が1から0に変化したとき、出力を指定した時間遅延させる機能ブロックのことをいう。

23　ノイズの影響を受けにくくするため、PLCとインバータユニットの接地は共通にするとよい。

24　フェールセーフとは、機器又は装置が故障した場合、必ず出力がOFFになるようにすることである。

25　プログラマブル表示器は、グラフィカルなヒューマンマシンインタフェースとして、システム保全にも用いられる。

［B群（多肢択一法)］

1 かご形三相誘導電動機の始動法ではないものはどれか。
 イ　直入始動法
 ロ　リアクトル始動法
 ハ　スターデルタ始動法
 ニ　二次抵抗器始動法

2 圧着端子「R5.5－4」が圧着されている電線の接続作業に用いるねじの呼び径として、正しいものはどれか。
 イ　M3
 ロ　M4
 ハ　M5
 ニ　M6

3 絶縁材料にならないものはどれか。
 イ　ポリエチレン
 ロ　マイカ(雲母)
 ハ　クラフト紙
 ニ　カーボン

4 直接長さを測定できない測定器はどれか。
 イ　ダイヤルゲージ
 ロ　マイクロメータ
 ハ　ハイトゲージ
 ニ　ノギス

5 項目別に層別して、出現頻度の大きさの順で並べるとともに、累積和を示した図はどれか。
 イ　ヒストグラム
 ロ　特性要因図
 ハ　パレート図
 ニ　散布図

［B群（多肢択一法）］

6 静電容量がC_1 [F]、C_2 [F]、C_3 [F]のコンデンサを直列に接続した場合の合成静電容量C [F]を表す式として、正しいものはどれか。

イ　$C = \dfrac{1}{C_1 + C_2 + C_3}$ [F]

ロ　$C = \dfrac{1}{\dfrac{1}{C_1} + \dfrac{1}{C_2} + \dfrac{1}{C_3}}$ [F]

ハ　$C = \dfrac{1}{C_1} + \dfrac{1}{C_2} + \dfrac{1}{C_3}$ [F]

ニ　$C = C_1 + C_2 + C_3$ [F]

7 下図の回路で電流計に電流が流れないとき、抵抗R の値はどれか。

イ　3
ロ　5
ハ　7
ニ　10

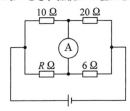

8 日本産業規格(JIS)によれば、下記の図記号で表されるスイッチはどれか。

イ　手動操作スイッチ
ロ　フロートスイッチ
ハ　圧力スイッチ
ニ　近接スイッチ

9 文中の(　　)内に当てはまる語句として、正しいものはどれか。
　　ねじを1回転させたときに進む距離をリードといい、隣り合うねじ山の相対応する2点間の距離を(　　)という。

イ　テーパ
ロ　有効径
ハ　ピッチ
ニ　外径

10 NC工作機械のNCに関する説明として、適切なものはどれか。
　　イ　自動加工
　　ロ　数値制御
　　ハ　非接触式
　　ニ　大量生産用

11 文中の(　　)内に当てはまる語句として、正しいものはどれか。
　　ステンレス鋼は、鋼に(　　)を添加し、耐食性を増した材料である。
　　イ　Cr
　　ロ　Al
　　ハ　Cu
　　ニ　Zn

12 シリコンウェーハに関する記述として、正しいものはどれか。
　　イ　シリコンの単結晶から切り出した薄板である。
　　ロ　シリコンの微粉を薄い金属板に吹き付けたものである。
　　ハ　シリコンが薄板状に多結晶化したものである。
　　ニ　シリコン液を2枚の金属板ではさんだものである。

13 回転機や変圧器の磁気回路を構成する材料として、最も多く用いられているものはどれか。
　　イ　アルミニウム合金板
　　ロ　ステンレス鋼板
　　ハ　銅板
　　ニ　けい素鋼板

14 次のラダー図を、ブール代数式で表したものはどれか。

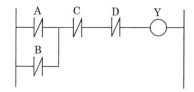

　　イ　$Y=\overline{A}\cdot\overline{B}+\overline{C}+\overline{D}$
　　ロ　$Y=A\cdot B+C+D$
　　ハ　$Y=(\overline{A}+\overline{B})\cdot\overline{C}\cdot\overline{D}$
　　ニ　$Y=(A+B)\cdot C\cdot D$

［B群（多肢択一法）］

15　次のラダー図で示される回路が持つ機能はどれか。

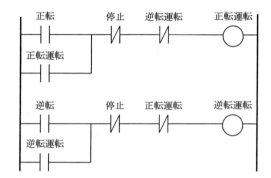

　　イ　インタロック
　　ロ　停電保持
　　ハ　シフト
　　ニ　計数

16　PLCにおけるRAS機能のRASを表したものはどれか。
　　イ　Relay Automatic System
　　ロ　Reliability Availability Serviceability
　　ハ　Redundancy Automatic System
　　ニ　Recycle Availability Serviceability

17　システム仕様において、PLCのスキャンタイムが（演算処理時間＋入出力処理時間＋
　　PADT接続サービス時間＋高機能モジュールサービス時間）で表されるとき、システ
　　ムのスキャン時間として、正しいものはどれか。
　　「システム仕様」
　　(1)　演算処理時間　　　5.5 ms
　　(2)　I/O点数　　　　　400 点
　　(3)　PADT　　　　　　接続あり
　　(4)　高機能モジュール　2 台
　　ただし、入出力処理時間：I/O点数×0.05 μs
　　　　　　PADT接続サービス時間：接続ありのとき1 ms、接続なしのとき0 ms
　　　　　　高機能モジュールサービス時間：高機能モジュール数×0.5 ms

　　イ　6.02 ms
　　ロ　6.52 ms
　　ハ　7.52 ms
　　ニ　7.70 ms

18 PLCの入出力機器の配線に関する記述として、適切でないものはどれか。
　　イ　できるだけ短いルートで配線する。
　　ロ　出力信号線は動力線と結束する。
　　ハ　管配線時は管を接地する。
　　ニ　DC24V系とAC100/200V系は分離する。

19 日本産業規格(JIS)によれば、プログラマブルコントローラの関連周辺装置である「プログラミングツール」の略称はどれか。
　　イ　PT
　　ロ　PDA
　　ハ　PAMT
　　ニ　PADT

20 日本産業規格(JIS)によれば、LD言語における[コイル記号]と、その[意味]の組合せとして、誤っているものはどれか。
　　　　　［コイル記号］　　　　［意味］
　　イ　――( )――　　　　コイル
　　ロ　――(S)――　　　　セット(ラッチ)コイル
　　ハ　――(/)――　　　　否定コイル
　　ニ　――(R)――　　　　立下り検出コイル

21 日本産業規格(JIS)によれば、「32ビット整数」データ型の予約語はどれか。
　　イ　SINT
　　ロ　DINT
　　ハ　LINT
　　ニ　UINT

22 原則として、300V以下の低圧の機器等に施される「D種接地工事」の接地抵抗値として適切なものはどれか。
　　イ　100Ω 以下
　　ロ　200Ω 以下
　　ハ　300Ω 以下
　　ニ　400Ω 以下

23 電気的ノイズの影響を最も受けにくいネットワークケーブルはどれか。
　　イ　同軸ケーブル
　　ロ　フラットケーブル
　　ハ　光ファイバーケーブル
　　ニ　ツイストペアケーブル

［B群（多肢択一法）］

24　突入電流の定格電流に対する比が最も小さいものはどれか。
　　　イ　ソレノイド
　　　ロ　モータ
　　　ハ　白熱電球
　　　ニ　抵抗器

25　PLCの保全に関する記述として、誤っているものはどれか。
　　　イ　PLCには、電解コンデンサやバッテリなど有寿命部品が使用されている。
　　　ロ　温度、湿度、振動などの環境条件が、PLCの寿命に大きな影響を与える。
　　　ハ　一般的に、腐食性ガスが発生する環境でPLCを使用しても、問題はない。
　　　ニ　定期的に設備の点検、予備品の補充などを行い、トラブルを未然に防ぐことが
　　　　　必要である。

令和元年度 技能検定
2級 電気機器組立て 学科試験問題
（シーケンス制御作業）

1. 試験時間　　1時間40分
2. 問題数　　　50題(A群25題、B群25題)
3. 注意事項
   (1)　　係員の指示があるまで、この表紙はあけないでください。
   (2)　　答案用紙(真偽法と多肢択一法の併用)に検定職種名、作業名、級別、受検番号、氏名を必ず記入してください。
   (3)　　係員の指示に従って、問題数を確かめてください。それらに異常がある場合は、黙って手を挙げてください。問題はA群(真偽法)とB群(多肢択一法)とに分かれています。
   (4)　　試験開始の合図で始めてください。
   (5)　　解答の方法(真偽法と多肢択一法の併用)は次のとおりです。
   　イ．　　A群の問題(真偽法)は、一つ一つの問題の内容が正しいか、誤っているかを判断して解答してください。
   　ロ．　　B群の問題(多肢択一法)は、正解と思うものを一つだけ選んで、解答してください。二つ以上に解答した場合は誤答となります。
   　ハ．　　答案用紙(マークシート用紙)へ解答する際は、答案用紙に記載されている注意事項に従ってください。
   　ニ．　　答案用紙の解答欄は、A群の問題とB群の問題とでは異なります。所定の解答欄に、試験問題の題数に応じて解答してください。解答欄はA群は50題まで、B群は25題まで解答できるようになっています。
   (6)　　電子式卓上計算機その他これと同等の機能を有するものは、使用してはいけません。
   (7)　　携帯電話等は、使用してはいけません。
   (8)　　試験中、質問があるときは、黙って手を挙げてください。ただし、試験問題の内容、漢字の読み方等に関する質問にはお答えできません。
   (9)　　試験終了時刻前に解答ができあがった場合は、黙って手を挙げて、係員の指示に従ってください。
   (10)　試験中に手洗いに立ちたいときは、黙って手を挙げて、係員の指示に従ってください。
   (11)　試験終了の合図があったら、筆記用具を置き、係員の指示に従ってください。

[A群(真偽法)]

1　継電器が唸る原因の一つとして、接点の過電流が考えられる。

2　変圧器コイルの巻線方法は、型巻、直巻に大別される。

3　絶縁抵抗計で機器の絶縁抵抗を計測する時に、被測定箇所が充電された状態で測定した。

4　フレミングの左手の法則で親指は力を、人差し指は電子を、中指は電流を表す。

5　日本工業規格(JIS)によれば、次の記号はリセット(ラッチ解除)コイルを表す。

　　　　---------〈R〉---------

6　日本工業規格(JIS)によれば、図面の寸法数字に付記される寸法補助記号でCは、45°の面取りを表している。

7　ねじのリードとは、ねじ山部分の軸方向の長さである。

8　測定範囲0－25mmの外側マイクロメータを格納するときは、測定面にゴミが入らないようにきちんと密着させておかなければならない。

9　けがき作業でのセンタポンチとは、穴あけ加工の中心を示すときに打つポンチである。

10　材料に荷重を加えたときの応力とは、荷重に断面積を乗じたものである。

11　真性半導体に不純物を混入させて、p形やn形半導体を作るが、この操作をドーピングと呼んでいる。

12　漏電遮断器等の特定電気用品に表示するPSEマークは以下のものである。

13　労働安全衛生法関係法令によれば、作業環境における作業面の明るさは、精密作業で250ルクス以上が必要と規定されている。

14 下図の論理回路の動作で入力1、2、3をそれぞれ次に示す場合、出力はTRUEである。

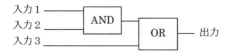

　　入力1 : TRUE
　　入力2 : FALSE
　　入力3 : TRUE

15 バイナリデータ「1011101」に偶数パリティビットを付け加えると、「10111011」になる。ただし、最下位ビットをパリティビットとする。

16 交流負荷から発生するノイズの対策には、ダイオードを用いるのがよい。

17 システムの信頼性を向上させるためのRAS機能の「RAS」は、以下の3つの単語の頭文字を組み合わせたものである。
　　リライアビリティ(Reliability)
　　アベイラビリティ(Availability)
　　セーフティ(Safety)

18 前進端や後退端のリミットスイッチからの信号はアナログ信号である。

19 4ビットあれば、16通りのデータを表現することができる。

20 PLCのプログラム言語において、INT型データで表すことのできる数値の範囲は、−7999〜＋7999である。

21 日本工業規格(JIS)によれば、SFCのトランジションとは、一つ以上の前置ステップから一つ以上の後置ステップへ制御を展開させる条件と規定されている。

22 PLCのラダー回路は、リレーで組む回路と全く同じ動きをするので、リレー回路図をそのままPLCのラダー回路に置き換えればよい。

23 直流ソレノイドに逆並列に接続されたダイオードは、サージ吸収の効果がある。

24 制御盤内におけるPLCの周囲温度が80℃以下なら、強制冷却の必要はない。

25 PLC本体の故障時におけるトラブルシューティングには、PLCの自己診断機能が有効である。

［B群(多肢択一法)］

1 コンデンサが下図のように接続されているとき、AB間の合成容量として、適切な
ものはどれか。
　　イ　　6.0μF
　　ロ　　13.4μF
　　ハ　　19.0μF
　　ニ　　27.0μF

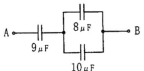

2 電気はんだごての選定ポイントとして、適切でないものはどれか。
　　イ　作業に合った熱容量であること。
　　ロ　こて先は、急速に加熱され熱効率や熱復帰率がよいこと。
　　ハ　こて先温度は、定格温度に達した後の温度変化が大きいこと。
　　ニ　握り部が熱くならないこと。

3 絶縁材料として、誤っているものはどれか。
　　イ　ガラスエポキシ
　　ロ　マイカ（雲母）
　　ハ　ベークライト
　　ニ　カーボン

4 ねじ締付け作業に使用する工具として、誤っているものはどれか。
　　イ　モンキレンチ
　　ロ　ダイス
　　ハ　六角棒スパナ
　　ニ　ボックスレンチ

5 二つの特性を横軸と縦軸とし、観測値を打点して、データの相関を表すものとし
て、正しいものはどれか。
　　イ　パレート図
　　ロ　散布図
　　ハ　特性要因図
　　ニ　ヒストグラム

6 図に示す回路に流れる電流値Iの値として、正しいものはどれか。

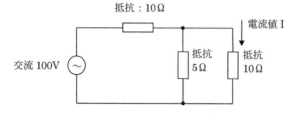

抵抗：10Ω

電流値 I

交流 100V

抵抗 5Ω

抵抗 10Ω

　　イ　2.5A
　　ロ　5.0A
　　ハ　6.7A
　　ニ　7.5A

7 下図の回路に、100V、50Hzの交流電圧をかけた場合に流れる電流(A)として正しいものはどれか。
　　イ　約0.0064
　　ロ　約0.064
　　ハ　約0.64
　　ニ　約6.4

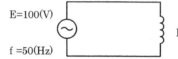

E=100(V)

f =50(Hz)

L=5(H)

8 日本工業規格(JIS)によれば、下図の電気用図記号の名称として、正しいものはどれか。

　　イ　押しボタンスイッチ
　　ロ　近接スイッチ
　　ハ　リミットスイッチ
　　ニ　温度スイッチ

9 組み合わされた2枚の歯車の回転軸が平行になるものはどれか。
　　イ　平歯車
　　ロ　すぐばかさ歯車
　　ハ　ウォームギヤ
　　ニ　まがりばかさ歯車

[B群(多肢択一法)]

10　ブロックゲージの説明として、適切なものはどれか。
　　イ　直接測定用のゲージである。
　　ロ　比較測定用の標準ゲージである。
　　ハ　測定対象をはさんで目盛りを読む。
　　ニ　測定圧が一定になるとラチェットが空転する。

11　金属材料と元素記号の組合せとして、適切でないものはどれか。
　　　　金属材料　　　元素記号
　　イ　金　　　　　　Au
　　ロ　銀　　　　　　Ag
　　ハ　銅　　　　　　Cu
　　ニ　白金　　　　　Wg

12　各種金属材料を常温における導電率の大きいものから順に並べたものとして、正しいものはどれか。
　　イ　銀 ＞ 金 ＞ 銅
　　ロ　金 ＞ 銀 ＞ 銅
　　ハ　銀 ＞ 銅 ＞ 金
　　ニ　金 ＞ 銅 ＞ 銀

13　次のうち、半導体でない材料はどれか。
　　イ　リチウム
　　ロ　アンチモン
　　ハ　セレン
　　ニ　ゲルマニウム

14　PID制御の要素として、適切でないものはどれか。
　　イ　比例動作
　　ロ　時限動作
　　ハ　積分動作
　　ニ　微分動作

15　タイムチャートの説明として、誤っているものはどれか。
　　イ　一般的に入力機器、出力機器は、すべてあげて作成するのが効果的である。
　　ロ　アクチュエータの動作時間が分かる。
　　ハ　動作タイミングの同期が見やすい。
　　ニ　制御システムの状態遷移を記述できる。

16 電気的条件の項目と単位の組合せとして、適切でないものはどれか。

	項目	単位
イ	瞬時停電	ms
ロ	耐電圧	V
ハ	絶縁抵抗	MΩ
ニ	電界強度	A/m

17 日本工業規格(JIS)によれば、SFCのトランジションを記述する場合に規定されていないものはどれか。
  イ LD言語
  ロ ST言語
  ハ C言語
  ニ FBD言語

18 アナログ入出力モジュールの仕様を表す用語として、正しいものはどれか。
  イ デジタル分解能
  ロ 計数速度
  ハ 速度指令
  ニ 通信速度

19 日本工業規格(JIS)のLD言語の接点記号で、誤っているものはどれか。
  イ … |　| … a接点
  ロ … | ／ | … b接点
  ハ … | R | … 立下がり検出接点
  ニ … | P | … 立上がり検出接点

20 日本工業規格(JIS)によれば、基本データ型の「予約語」と「説明」の組合せとして、誤っているものはどれか。

	予約語	説明
イ	BYTE	4ビットのビット列
ロ	WORD	16ビットのビット列
ハ	DWORD	32ビットのビット列
ニ	LWORD	64ビットのビット列

[B群(多肢択一法)]

21 文中の(　)に入る用語の組合せとして、適切なものはどれか。
　　日本工業規格(JIS)によると、構造化テキスト(　A　)言語は、代入文、サブプログラム制御文、選択文及び繰返し文を使用した(　B　)のプログラム言語である。

	A	B
イ	IL	テキスト形式
ロ	IL	図式形式
ハ	ST	テキスト形式
ニ	ST	図式形式

22 LANケーブルに関する記述として、誤っているものはどれか。
　　イ　LANケーブルには、ストレートケーブルがある。
　　ロ　LANケーブルには、クロスケーブルがある。
　　ハ　LANケーブルには、ノイズに強いSTPケーブルがある。
　　ニ　LANケーブルには、シールド加工したUTPケーブルがある。

23 日本工業規格(JIS)によれば、PLC使用者を支援するアプリケーションプログラムの試験機能に関する文中の(　A　)と(　B　)の組合せとして正しいものはどれか。
　1　入出力、内部機能(タイマ、カウンタなど)の状態の確認
　2　プログラムの(　A　)、例えば、ステップ実行、プログラム実行周期の変動、停止指令
　3　インターフェース機能の(　B　)、例えば、強制入出力、PLCシステム内のタスク又はモジュール間の強制的な情報交換

	A	B
イ	状態の確認	シミュレーション
ロ	実行順序の確認	シミュレーション
ハ	状態の確認	実行順序の確認
ニ	シミュレーション	実行順序の確認

24 文中の(　)内に当てはまる値として、適切なものはどれか。
　　日本工業規格(JIS)によれば、PLCは標高(　)mまでの運用に適合しなければならない。
　　イ　500
　　ロ　1000
　　ハ　1500
　　ニ　2000

25 PLCの定期点検の内容として、誤っているものはどれか。
　　イ　PLC周辺の湿度は、測定しなくてもよい。
　　ロ　AC電源電圧の電圧範囲やひずみ率が、規定範囲内かどうか確認する。
　　ハ　電池(バッテリ)の電圧低下の警報は出力されていないが、交換期限を過ぎているので電池を交換する。
　　ニ　端子ネジの緩みがあるので、増し締めする。

平成 30 年度 技能検定
2 級 電気機器組立て 学科試験問題
（シーケンス制御作業）

1. 試験時間　1 時間 40 分
2. 問題数　50 題(A 群 25 題、B 群 25 題)
3. 注意事項
   (1)　係員の指示があるまで、この表紙はあけないでください。
   (2)　答案用紙(真偽法と多肢択一法の併用)に検定職種名、作業名、級別、受検番号、氏名を必ず記入してください。
   (3)　係員の指示に従って、問題数を確かめてください。それらに異常がある場合は、黙って手を挙げてください。問題は A 群(真偽法)と B 群(多肢択一法)とに分かれています。
   (4)　試験開始の合図で始めてください。
   (5)　解答の方法(真偽法と多肢択一法の併用)は次のとおりです。
   　　イ．　A 群の問題(真偽法)は、一つ一つの問題の内容が正しいか、誤っているかを判断して解答してください。
   　　ロ．　B 群の問題(多肢択一法)は、正解と思うものを一つだけ選んで、解答してください。二つ以上に解答した場合は誤答となります。
   　　ハ．　答案用紙(マークシート用紙)へ解答する際は、答案用紙に記載されている注意事項に従ってください。
   　　ニ．　答案用紙の解答欄は、A 群の問題と B 群の問題とでは異なります。所定の解答欄に、試験問題の題数に応じて解答してください。解答欄は A 群は 50 題まで、B 群は 25 題まで解答できるようになっています。
   (6)　電子式卓上計算機その他これと同等の機能を有するものは、使用してはいけません。
   (7)　携帯電話等は、使用してはいけません。
   (8)　試験中、質問があるときは、黙って手を挙げてください。ただし、試験問題の内容、漢字の読み方等に関する質問にはお答えできません。
   (9)　試験終了時刻前に解答ができあがった場合は、黙って手を挙げて、係員の指示に従ってください。
   (10)　試験中に手洗いに立ちたいときは、黙って手を挙げて、係員の指示に従ってください。
   (11)　試験終了の合図があったら、筆記用具を置き、係員の指示に従ってください。

[A群(真偽法)]

1　光電センサで一般的に拡散反射形と呼ばれるセンサは、使用に当たりミラー反射板が必要である。

2　銅線を焼なまし後、曲げを行った場合、銅線の中心より外側は、曲げる前より薄くなり、内側は厚くなる。

3　テスタによる測定において測定値が予測できない場合は、最小の測定範囲から順次上位に切り替えていく。

4　単相交流の有効電力は、皮相電力と力率の積である。

5　三相同期電動機の回転速度は、極数が4、周波数が50Hzのとき、1500min^{-1}である。

6　下図の(1)に示す見取図を第三角法で投影した図として、(2)の投影図は正しい。

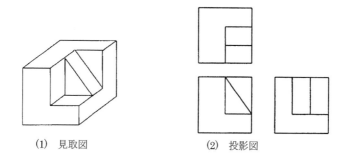

(1)　見取図　　　　　　　(2)　投影図

7　ねじが一回転して軸方向に進む距離をリードといい、一つのねじ山から隣のねじ山までの距離をピッチという。

8　セラミックスは、ブロックゲージの材料として適している。

9　ろう付けは、母材より低い融点の金属を溶融させ、接合部に流し込んで接合する方法である。

10　材料に集中応力が加わる切り欠き部分は、壊れやすい。

11　半導体に使われるガリウムの元素記号は、Gaである。

12 電気用品安全法関係法令によれば、次のマークは、特定電気用品に付けられるPSE
マークである。

13 労働安全衛生関係法令によれば、作業環境における作業面の明るさは、精密作業で
250ルクス以上が必要と規定されている。

14 16進型データ "5AB6" をバイナリ型データで表すと "0101　1010　1011
0110" になる。

15 PID制御は、P動作、I動作及びD動作を含む制御方式だが、D動作とは微分動作の
ことである。

16 熱電対からの出力信号は、アナログ信号である。

17 コモンモードノイズとは、筐体あるいは大地に電流が流れ、アース間に電位差が
生ずること等により起こるノイズである。

18 リレーのメーク接点は、リレーが動作していないときは閉じている。

19 日本工業規格(JIS)によれば、オフディレイ機能とは「オフ動作条件が成立してか
ら、オフ出力するまでの時間遅れを持った機能」のことである。

20 日本工業規格(JIS)によれば、ラダー図言語のコイルは、右側に接続している状態
をそのまま左側に伝える。

21 BCDデータは、ビットの重みを各々4ビットごとに区切り、1〜9を使って表現され
る。

22 SFC言語では、並列処理はできない。

23 ノイズの影響を受けにくくするために、PLCとインバータユニットの接地を共通に
するとよい。

24 電源モジュールは無通電状態において経年劣化を起こすので、常用品及び予備品を
1年〜2年ごとにローテーションするとよい。

25 PLCの自己診断機能で、システムすべての異常を検出できる。

［B群(多肢択一法)］

1　かご形三相誘導電動機の始動法として、誤っているものはどれか。
　　イ　直入始動法
　　ロ　リアクトル始動法
　　ハ　二次抵抗器始動法
　　ニ　スターデルタ始動法

2　圧着接続に関する記述として、誤っているものはどれか。
　　イ　圧着端子よりはみ出た電線ひげは、マークチューブで絶縁する。
　　ロ　端子の種類に合った専用の圧着工具を使用する。
　　ハ　R 2-4の圧着端子の適合ねじはM4である。
　　ニ　電線の太さに合ったサイズの端子を使用する。

3　文中の(　　)内に入る数値として、適切なものはどれか。
　　耐熱クラスの指定文字がBの絶縁材料において、最高連続使用温度は(　　)℃である。
　　イ　105
　　ロ　120
　　ハ　130
　　ニ　155

4　日本工業規格(JIS)における十字ねじ回しの呼び番号と下図の基準寸法の組合せとして、誤っているものはどれか。

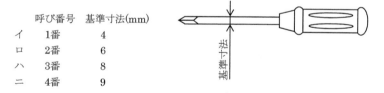

	呼び番号	基準寸法(mm)
イ	1番	4
ロ	2番	6
ハ	3番	8
ニ	4番	9

5　工程能力とは工程の実力のことで、この工程能力の程度に影響する4Mとして、誤っているものはどれか。
　　イ　機械
　　ロ　材料
　　ハ　方法
　　ニ　価格

6 三相電力 P[W]を表す一般式として、正しいものはどれか。

ただし、E：線間電圧、I：線電流、R：抵抗、θ：位相角とする。

イ $P = \sqrt{3}EI\sin\theta$

ロ $P = \sqrt{3}RI\sin\theta$

ハ $P = \sqrt{3}EI\cos\theta$

ニ $P = \sqrt{3}RI\cos\theta$

7 次に示す指示計器のうち、直流回路に最も適している計器はどれか。

イ 可動コイル形

ロ 振動片形

ハ 整流形

ニ 誘導形

8 中間ばめの説明として、適切なものはどれか。

イ 「すきま」が最大許容値のほぼ半分になるはめあい

ロ 「しめしろ」が最大許容値のほぼ半分になるはめあい

ハ 「すきま」も「しめしろ」もなく、ぴったりのはめあい

ニ 「すきま」又は「しめしろ」のどちらかができるはめあい

9 NC工作機械などで、精密で滑らかな運動を必要とする箇所に用いるねじはどれか。

イ 丸ねじ

ロ のこ歯ねじ

ハ 角ねじ

ニ ボールねじ

10 NC工作機械のNCに関する説明として、適切なものはどれか。

イ 自動加工

ロ 数値制御

ハ 非接触式

ニ 大量生産用

11 金属材料と元素記号との組合せとして、正しいものはどれか。

金属材料	元素記号
イ 鉄	F
ロ 銀	Al
ハ 亜鉛	Zn
ニ アルミニウム	Au

［B群(多肢択一法)］

12　シリコンウェーハに関する記述として、正しいものはどれか。
　　　　イ　シリコンの単結晶から切り出した薄板である。
　　　　ロ　シリコンの微粉を薄い金属板に吹き付けたものである。
　　　　ハ　シリコンが薄板状に多結晶化したものである。
　　　　ニ　シリコン液を2枚の金属板ではさんだものである。

13　磁性材料として、適切なものはどれか。
　　　　イ　合成ゴム
　　　　ロ　ケイ素鋼
　　　　ハ　陶磁器
　　　　ニ　黄銅

14　入力A、入力Bの値が異なるときは“1”、同じときは“0”を出力する論理演算の名
　　称として、正しいものはどれか。
　　　　イ　論理積
　　　　ロ　否定論理積
　　　　ハ　排他的論理和
　　　　ニ　否定論理和

15　シーケンス制御の要素として、誤っているものはどれか。
　　　　イ　条件制御
　　　　ロ　時限制御
　　　　ハ　順序制御
　　　　ニ　フィードバック制御

16　PLCにおけるRAS機能のRASを表したものはどれか。
　　　　イ　Relay Automatic System
　　　　ロ　Reliability Availability Serviceability
　　　　ハ　Redundancy Automatic System
　　　　ニ　Recycle Availability Serviceability

17　日本工業規格(JIS)によれば、一般的なPLC(開放形)の動作周囲温度として、適切な
　　ものはどれか。
　　　　イ　$-25℃ \sim +70℃$
　　　　ロ　$+ 5℃ \sim +55℃$
　　　　ハ　　$0℃ \sim +40℃$
　　　　ニ　$-10℃ \sim +70℃$

18 PLCの電源の配線に関する記述として、適切でないものはどれか。
   イ 動力電源とは系統を分離して配線する。
   ロ 電源に単巻トランスを接続する。
   ハ 線は密にツイストして接続する。
   ニ 2mm²以上のケーブルを使用する。

19 日本工業規格(JIS)によれば、LD言語でコイル記号とその意味の組合せとして、規定されていないものはどれか。
       記号   意味
   イ ---(R)---   リセットコイル
   ロ ---(S)---   セットコイル
   ハ ---( )---   コイル
   ニ ---(T)---   タイマコイル

20 日本工業規格(JIS)の「プログラマブルコントローラープログラム言語」によれば、データ要素とビット数の組合せとして、規定されていないものはどれか。
       データ要素   ビット数
   イ ワード   16ビット
   ロ ダブルワード   32ビット
   ハ トリプルワード   48ビット
   ニ ロングワード   64ビット

21 PLCの制御動作を表現するものとして、適切でないものはどれか。
   イ フローチャート
   ロ タイムチャート
   ハ ガントチャート
   ニ シーケンシャルファンクションチャート

22 ネットワーク用のケーブルとして、次のうち電気的ノイズの影響を最も受けにくいものはどれか。
   イ 同軸ケーブル
   ロ 光ファイバーケーブル
   ハ ツイストペアケーブル
   ニ シールドケーブル

23 制御盤内の機器として、ノイズを発生しないものはどれか。
   イ バリスタ
   ロ リレーのコイル
   ハ インバータ
   ニ 電磁開閉器

［B群(多肢択一法)］

24　PLCの保全に関する記述として、誤っているものはどれか。
　　イ　温度、湿度、振動などの環境条件が、PLCの寿命に大きな影響を与える。
　　ロ　一般的に腐食性ガスが発生する環境でPLCを使用しても、問題はない。
　　ハ　PLCには、電解コンデンサやバッテリなど有寿命部品が使用されている。
　　ニ　定期的に設備の点検、予備品の補充などを行い、トラブルを未然に防ぐこと
　　　　が必要である。

25　交流電磁リレーのうなりの発生原因として、適切でないものはどれか。
　　イ　可動片と鉄心間に異物混入
　　ロ　コイル印加電圧の不足
　　ハ　鉄心部の摩耗
　　ニ　接点の摩耗

令和2年度 技能検定
1級 電気機器組立て 学科試験問題
（シーケンス制御作業）

1. 試験時間　　1時間40分
2. 問題数　　　50題(A群25題、B群25題)
3. 注意事項
   (1)　　係員の指示があるまで、この表紙はあけないでください。
   (2)　　答案用紙(真偽法と多肢択一法の併用)に検定職種名、作業名、級別、受検番号、氏名を必ず記入してください。
   (3)　　係員の指示に従って、問題数を確かめてください。それらに異常がある場合は、黙って手を挙げてください。問題はA群(真偽法)とB群(多肢択一法)とに分かれています。
   (4)　　試験開始の合図で始めてください。
   (5)　　解答の方法(真偽法と多肢択一法の併用)は次のとおりです。
   　　　イ．　A群の問題(真偽法)は、一つ一つの問題の内容が正しいか、誤っているかを判断して解答してください。
   　　　ロ．　B群の問題(多肢択一法)は、正解と思うものを一つだけ選んで、解答してください。二つ以上に解答した場合は誤答となります。
   　　　ハ．　答案用紙(マークシート用紙)へ解答する際は、答案用紙に記載されている注意事項に従ってください。
   　　　ニ．　答案用紙の解答欄は、A群の問題とB群の問題とでは異なります。所定の解答欄に、試験問題の題数に応じて解答してください。解答欄はA群は50題まで、B群は25題まで解答できるようになっています。
   (6)　　電子式卓上計算機その他これと同等の機能を有するものは、使用してはいけません。
   (7)　　携帯電話、スマートフォン、ウェアラブル端末等は、使用してはいけません。
   (8)　　試験中、質問があるときは、黙って手を挙げてください。ただし、試験問題の内容、漢字の読み方等に関する質問にはお答えできません。
   (9)　　試験終了時刻前に解答ができあがった場合は、黙って手を挙げて、係員の指示に従ってください。
   (10)　試験中に手洗いに立ちたいときは、黙って手を挙げて、係員の指示に従ってください。
   (11)　試験終了の合図があったら、筆記用具を置き、係員の指示に従ってください。

［A群（真偽法）］

1　交流サーボモータは、同期電動機等の制御技術を応用して速度制御をしている。

2　日本産業規格(JIS)によれば、M6のねじを適切に締め付けることのできる十字ねじ回しの呼び番号は3番である。

3　パレート図は、製品の特性と要因との関係を一目でわかるように表した図である。

4　誘導電動機のスターデルタ始動法の始動トルクは、デルタ結線で全電圧始動した場合の1/3になる。

5　力率とは、皮相電力に対する有効電力の比である。

6　日本産業規格(JIS)によれば、図面の寸法数値に付記される寸法補助記号でCは、45°の面取りを表している。

7　ボールベアリングは、すべり軸受の一種である。

8　フライス盤は、工作物を回転させ、切削加工を行う工作機械である。

9　ダイカストは、金型鋳造法の一つで、金型に溶融した金属を圧入することにより、高い精度の鋳物を短時間に大量に生産することができる。

10　応力が同じ二種類の材料では、ヤング率の大きい材料の方が、ひずみも大きい。

11　半導体材料であるシリコンの単結晶構造は、共有結合である。

12　電気用品安全法関係法令によれば、電気用品とは、「電気事業法に規定する一般用電気工作物の部分となり、又はこれに接続して用いられる機械、器具又は材料であって、政令で定めるもの」と定義されている。

13　労働安全衛生法関係法令によれば、機械間又はこれと他の設備との間に設ける通路の幅については、70 cm以上とすることと規定されている。

14　比例動作、積分動作、微分動作の三つの動作を含む制御方式を、PID制御という。

15 次の真理値表を表すブール式は、X＝$\overline{A}$・B ＋ A・$\overline{B}$である。

A	B	X
0	0	0
0	1	1
1	0	1
1	1	0

16 透過型の光電スイッチは、光路上の被検出物を透過した光を検出するものである。

17 PLCが故障するまでの平均故障間隔をMTTRという。

18 日本産業規格(JIS)によれば、LD等の図式言語は、SFCの各要素との併用は認められていない。

19 日本産業規格(JIS)によれば、ST言語の記述で演算の優先順位は、次のとおりである。
　① 乗算　　② 比較　　③ 論理積(AND)　　④ 論理和(OR)　　⑤ 加算

20 日本産業規格(JIS)によれば、トランジションとは、SFCを表現する要素の一つで、有向接続線に沿って、一つ以上の前置ステップから一つ以上の後置ステップへ制御を展開させる条件と定義されている。

21 PADTは、PLCシステム故障時のトラブルシューティングに有効である。

22 金属製の電線管を用いて交流の電源線を配線するときは、1回路の電線を1本ずつ別々の電線管に入れる。

23 誘導負荷を駆動するときは、ノイズ対策として、AC回路にはダイオードを接続し、DC回路にはサージキラーを接続する。

24 アルミ電解コンデンサの寿命は、使用温度に依存しており、常に、使用温度が10℃高くなると寿命は2倍に延び、10℃低くなると1/2になる特性がある。

25 電気設備の技術基準の解釈によれば、「D種接地工事」の接地抵抗値は、10Ω以下である。

［B群（多肢択一法）］

1 機器内配線で、一般に、直流制御回路に使われている色はどれか。
  イ 青
  ロ 緑
  ハ 黒
  ニ 水色

2 変圧器のコイルで、導体を多数並列に重ねて一巻きごとに絶縁物を入れ、らせん状に
  巻いたものはどれか。
  イ 円筒コイル
  ロ 円板コイル
  ハ ヘリカルコイル
  ニ 長方形板状コイル

3 日本産業規格(JIS)によれば、電気絶縁材料の耐熱クラスと指定文字の組合せとして、
  誤っているものはどれか。
  ［耐熱クラス］［指定文字］
  イ 120 ℃   E
  ロ 130 ℃   B
  ハ 155 ℃   F
  ニ 170 ℃   H

4 文中の下線に示す語句等の中で、日本産業規格(JIS)で規定されていないものはどれ
  か。

  モンキレンチには頭部の角度によって、15度形と 23度形 があり、この両方には
                                  イ
  それぞれ 普通級 と 特殊級 があり、さらに呼び寸法は 100、150、200、250、
         ロ   ハ   ハ
  300、375 の6種類がある。
      ニ

5 定格電圧が250 Vで指示計器の階級が1.0 級の電圧計を使用して電圧を測定したとこ
  ろ、200 Vを示した。真の電圧範囲として、正しいものはどれか。
  イ 197.0 ～ 203.0 V
  ロ 197.5 ～ 202.5 V
  ハ 198.0 ～ 202.0 V
  ニ 198.5 ～ 201.5 V

6 電気用図記号とその名称の組合せとして、適切でないものはどれか。

　　　　　　　　［電気用図記号］　　　［名称］

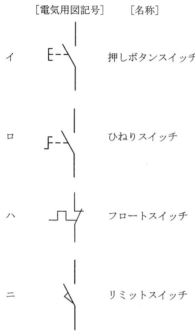

　イ　　押しボタンスイッチ

　ロ　　ひねりスイッチ

　ハ　　フロートスイッチ

　ニ　　リミットスイッチ

7 一次電圧6000 V、一次巻線の巻数4500の変圧器がある。二次電圧100 Vを得るのに必要な二次巻線の巻数として、正しいものはどれか。
　　イ　　50
　　ロ　　75
　　ハ　　100
　　ニ　　133

［B群（多肢択一法）］

8 電気用図記号とその名称の組合せとして、誤っているものはどれか。
　　　　［図記号］　　［名称］

　　イ　　　　接地

　　ロ　　　　保護接地

　　ハ　　　　機能等電位結合

　　ニ　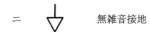　　　無雑音接地

9 本尺の1目盛りが1mm、バーニヤ目盛の1目盛りが19mmを20等分しているノギスの最小読取単位として、正しいものはどれか。
　　イ　0.05 mm
　　ロ　0.02 mm
　　ハ　0.01 mm
　　ニ　0.005 mm

10 けがき作業で、一般に、使わない工具はどれか。
　　イ　リーマ
　　ロ　けがき針
　　ハ　Vブロック
　　ニ　トースカン

11 金属材料の残留応力に関する説明として、適切なものはどれか。
　　イ　材料を長い間保管できるように、あらかじめ鍛えるための応力
　　ロ　材料取りで余った材料を集めて出てきた価値
　　ハ　熱処理後などに材料内部に残った応力
　　ニ　材料変形が不十分なとき、それを補うために後で加える応力

12 一般に18-8と呼ばれるステンレス鋼に関する説明として、適切なものはどれか。
　　イ　18％のクロムと8％のニッケルを含んだ合金鋼である。
　　ロ　18％のニッケルと8％のマンガンを含んだ合金鋼である。
　　ハ　18時間の熱処理と8時間の窒化処理をした炭素鋼である。
　　ニ　18％のクロムと8％のすずを含んだ合金鋼である。

13 次のうち、絶縁体でないものはどれか。
 イ 雲母
 ロ シリコン樹脂
 ハ 四ふっ化エチレン樹脂
 ニ 亜酸化銅

14 次のラダー図を、ブール代数式で表したものはどれか。

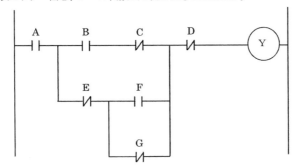

 イ $Y = A \cdot (B \cdot \overline{C} + \overline{E} \cdot F + \overline{G}) \cdot \overline{D}$
 ロ $Y = A \cdot (B \cdot \overline{C} + \overline{E} \cdot (F + \overline{G})) \cdot \overline{D}$
 ハ $Y = A \cdot (B \cdot \overline{C} + \overline{E} + F \cdot \overline{G}) \cdot \overline{D}$
 ニ $Y = A \cdot (B \cdot \overline{C} \cdot \overline{E} + F \cdot \overline{G}) \cdot \overline{D}$

15 アプリケーションプログラムを表現するための要素に、ステップ、アクション、トランジションなどを用いるものはどれか。
 イ フローチャート
 ロ ファンクション・ブロック・ダイアグラム
 ハ ストラクチャード・テキスト
 ニ シーケンシャル・ファンクション・チャート

16 90°位相差の2相パルスのロータリエンコーダで、「逓倍(てい)」処理ができないものはどれか。
 イ 1逓倍
 ロ 2逓倍
 ハ 3逓倍
 ニ 4逓倍

［B群（多肢択一法）］

17　PLCのモジュール配置及び配線に関する記述として、適切でないものはどれか。
　　イ　CPUモジュールに隣接させたAC入出力モジュールの配置は避ける。
　　ロ　DC入出力モジュールとAC入出力モジュールの混在配置は避ける。
　　ハ　電磁接触器やリレー類は、PLCから離して配置する。
　　ニ　PLCの電源は、単巻トランスから引き込む。

18　日本産業規格(JIS)で、PLCのデータ型として定義されていないものはどれか。
　　イ　INT
　　ロ　UINT
　　ハ　BCD
　　ニ　WORD

19　FB(Function Block)に関する説明として、誤っているものはどれか。
　　イ　FBは、内部状態の情報は持たない。
　　ロ　FBは、Instanceと呼ばれるコピーを作ることができる。
　　ハ　FBは、入力パラメータや出力パラメータを持つことができる。
　　ニ　FBは、ラダー図言語で使用することができる。

20　日本産業規格(JIS)によれば、数値リテラルの項目として、定義されていないものはどれか。
　　イ　2進リテラル
　　ロ　4進リテラル
　　ハ　8進リテラル
　　ニ　16進リテラル

21　PLCの接地に関する記述として、適切でないものはどれか。
　　イ　他の機器の接地とは分離した専用接地とした。
　　ロ　接地工事は、電気設備技術基準のD種接地とした。
　　ハ　感電防止を目的とする機器が多くつながれた接地極への接地は避けた。
　　ニ　接地線を長くし、接地点をPLCからできるだけ離した。

22　試運転中のプログラム変更(修正)において注意しなければならない項目として、適切でないものはどれか。
　　イ　シーケンス図などの設計図面への反映
　　ロ　変更前のプログラムのバックアップ
　　ハ　誤出力を想定した安全の確認
　　ニ　接地の取り方と配線

23 文中の(　　)内に入る値として、適切なものはどれか。
　　日本産業規格(JIS)によれば、PLC及び関連周辺装置は、装置電源の定格電圧が
AC(　　)V又はDC 1500 Vを超えない低電圧で使用されることを前提としている。
　　イ　1200
　　ロ　1000
　　ハ　　600
　　ニ　　240

24 次のうち、日本産業規格(JIS)における、安全超低電圧(SELV)に含まれるものはどれか。
　　イ　AC 50 V
　　ロ　AC 100 V
　　ハ　DC 60 V
　　ニ　DC 110 V

25 瞬時停電の要因でないものはどれか。
　　イ　外部機器DC電源のリップル率増加
　　ロ　落雷の影響
　　ハ　電源モジュールの寿命
　　ニ　一時的な過負荷

令和元年度 技能検定
1級 電気機器組立て 学科試験問題
（シーケンス制御作業）

1. 試験時間　1時間40分
2. 問題数　　50題(A群25題、B群25題)
3. 注意事項
   (1)　係員の指示があるまで、この表紙はあけないでください。
   (2)　答案用紙(真偽法と多肢択一法の併用)に検定職種名、作業名、級別、受検番号、氏名を必ず記入してください。
   (3)　係員の指示に従って、問題数を確かめてください。それらに異常がある場合は、黙って手を挙げてください。問題はA群(真偽法)とB群(多肢択一法)とに分かれています。
   (4)　試験開始の合図で始めてください。
   (5)　解答の方法(真偽法と多肢択一法の併用)は次のとおりです。
   　　イ．　A群の問題(真偽法)は、一つ一つの問題の内容が正しいか、誤っているかを判断して解答してください。
   　　ロ．　B群の問題(多肢択一法)は、正解と思うものを一つだけ選んで、解答してください。二つ以上に解答した場合は誤答となります。
   　　ハ．　答案用紙(マークシート用紙)へ解答する際は、答案用紙に記載されている注意事項に従ってください。
   　　ニ．　答案用紙の解答欄は、A群の問題とB群の問題とでは異なります。所定の解答欄に、試験問題の題数に応じて解答してください。解答欄はA群は50題まで、B群は25題まで解答できるようになっています。
   (6)　電子式卓上計算機その他これと同等の機能を有するものは、使用してはいけません。
   (7)　携帯電話等は、使用してはいけません。
   (8)　試験中、質問があるときは、黙って手を挙げてください。ただし、試験問題の内容、漢字の読み方等に関する質問にはお答えできません。
   (9)　試験終了時刻前に解答ができあがった場合は、黙って手を挙げて、係員の指示に従ってください。
   (10)　試験中に手洗いに立ちたいときは、黙って手を挙げて、係員の指示に従ってください。
   (11)　試験終了の合図があったら、筆記用具を置き、係員の指示に従ってください。

[A群(真偽法)]

1 熱電対温度センサは、ペルチェ効果を利用した温度センサである。

2 圧着工具は、圧着する端子の種類や大きさによって、端子に合うダイスを使用しなければならない。

3 計数値とは長さ、重さ、時間、温度などのように連続した値をとるものをいう。

4 静電容量が3μFのコンデンサに、100Vの直流電圧を加えた場合、コンデンサには、3×10⁻⁴Cの電荷がたまる。

5 消費電力120kW、力率80%の負荷の無効電力は、90kvarである。

6 日本工業規格(JIS)によれば、図は、投影法で第三角法を表す記号である。

7 一般に、すべり軸受は、ころがり軸受にくらべ、高負荷を支えるのに使われる。

8 旋盤による加工では、一般に材料を回転させて静止工具を使用して削っている。

9 捨てけがきは、仕上がり部分を直接示すけがきである。

10 材料力学では、一般に、衝撃荷重よりも繰返し荷重のほうが安全率を大きくとる。

11 熱可塑性樹脂は、再加熱すると軟化する。

12 電気用品安全法の目的は、電気用品の製造、販売等を規制するとともに、電気用品の安全性の確保につき民間事業者の自主的な活動を促進することにより、電気用品による危険及び障害の発生を防止することである。

13 労働安全衛生関係法令によれば、屋内に設ける通路については、通路面から高さ2.4m以内に障害物を置かないことと規定されている。

14 排他的論理和を表すブール代数式として、次のものは正しい。
$$X = \overline{A} \cdot B + A \cdot \overline{B}$$

15 オンディレイタイマの出力を反転すると、オフディレイタイマとして使える。

16 通信プロトコルとはデータ通信をするときに必要なPINコードのことである。

[A群(真偽法)]

17 　RAS機能のRASは、Reliability　Automatic　Systemの略語である。

18 　図の回路は、オンディレイの出力機能をもっている。

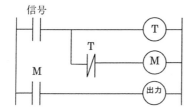

19 　日本工業規格(JIS)で定義されるファンクションブロックでは、ファンクションブロックに対して同じ値の引数が与えられる限り、実行結果として必ず同じ値が出力される。

20 　日本工業規格(JIS)によれば、ST言語の演算子で実行順位が最上位のものは、乗算と除算の演算子である。

21 　グレイコードはデータが増減するとき、変化するビットは常に2箇所である。

22 　PLCの機能接地とは操作者に対する危険を最小にするためのもので、故障などによって生じた電位を接地電位に保つための保安上の接地をいう。

23 　電源ユニットの端子接続には、Y型圧着端子よりも丸型圧着端子が適している。

24 　ウォッチドッグタイマとは、プログラムなどの実行時間を監視し、規定時間内に処理が完了しない場合に警報を出すためのタイマである。

25 　電気設備技術基準による、「D種接地工事」の接地抵抗値は100Ω以下、接地線の太さは直径1.6mm以上の軟銅線である。

1 圧縮端子の性能において、日本工業規格(JIS)に規定されていないものはどれか。
 イ 圧縮接続性能
 ロ 圧縮荷重
 ハ 凍結防止性能
 ニ 電気抵抗

2 変圧器の型巻構造として、誤っているものはどれか。
 イ くま取りコイル
 ロ 円板コイル
 ハ 円筒コイル
 ニ ヘリカルコイル

3 固体(有機物)の絶縁材料に関する記述として、正しいものはどれか。
 イ クラフト紙は、木綿、麻が原料で、変圧器やコイルの絶縁に使用する。
 ロ ロジンは、パルプが原料で、絶縁ワニスを含浸して、コンデンサに使用する。
 ハ プレスボードは、さくら、かえで、かしなどを油煮して絶縁支持物やくさびに使用する。
 ニ 布は、ワニスを含浸して、ワニスクロスとして使用する。

4 やすり作業において、やすり目の選び方の組合せとして、誤っているものはどれか。
 イ 単目・・・鉛、すず、アルミニウムなど軟質金属の仕上げ、薄板の縁の仕上げなどに適している。
 ロ 複目・・・鋼、鋳鉄など特に硬い材料に適している。
 ハ 鬼目・・・木、皮、ファイバなど非金属、軽金属の荒削り用に適している。
 ニ 波目・・・鋼、鋳鉄などの硬質金属の荒削り用に適している。

5 変流器(CT)を使用して電動機の電流を測定しているとき、変流器の二次側の電流計を取り外す方法として、正しいものはどれか。
 イ 二次側を短絡してから、電流計を外す。
 ロ 二次側を接地してから、電流計を外す。
 ハ 電流計を外して、直ちに二次側を短絡する。
 ニ 電流計を外して、そのままにする。

6 フレミングの右手の法則で、親指の示す方向として、正しいものはどれか。
 イ 電流の方向
 ロ 磁束の方向
 ハ 起電力の方向
 ニ 運動の方向

［B群(多肢択一法)］

7 下図に示す抵抗とコンデンサの直列回路で、Sを閉じたときの回路電流の変化として、正しいものはどれか。ただし、縦軸：回路電流、横軸：時間とする。

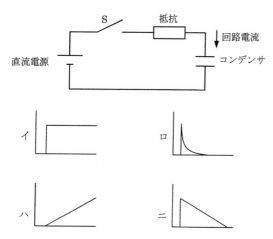

8 日本工業規格(JIS)によれば、材料における種類の記号S45Cが示す意味として、正しいものはどれか。
    イ　マンガン含有量約4.5%
    ロ　クロム含有量約0.45%
    ハ　炭素含有量約0.45%
    ニ　イオウ含有量約4.5%

9 本尺の1目盛りが1mm、副尺の1目盛りが19mmを20等分してあるノギスの最小読取単位として、正しいものはどれか。
    イ　0.005mm
    ロ　0.01mm
    ハ　0.02mm
    ニ　0.05mm

10 文中の(　　)内に当てはまる語句の組合せとして、正しいものはどれか。
    穴加工には、ドリルを用いて工作物に穴をあける(　A　)、めねじを切る(　B　)などがある。
    　　　　　A　　　　　　　　B
    イ　穴あけ　　　　　リーマ加工
    ロ　穴あけ　　　　　タップ立て
    ハ　リーマ加工　　　タップ立て
    ニ　リーマ加工　　　穴あけ

11　長さ210cmの鋼棒が許容限度の引張荷重を受けて1mm伸びたとする。鋼棒の弾性係数を$2.1×10^6$ kg/cm²、基準強さ4500kg/cm²とした場合、次のうち適切な安全率はどれか。

　　イ　3.5
　　ロ　4.5
　　ハ　5.5
　　ニ　6.5

12　常温において、熱伝導率の大きい順に並んでいるものとして、正しいものはどれか。

　　イ　アルミニウム ＞ 銅 ＞ 鉄
　　ロ　アルミニウム ＞ 鉄 ＞ 銅
　　ハ　銅 ＞ アルミニウム ＞ 鉄
　　ニ　鉄 ＞ アルミニウム ＞ 銅

13　電気材料に関する記述として、誤っているものはどれか。

　　イ　金と銀は、導電材料に適している。
　　ロ　雲母(マイカ)は、絶縁材料に適している。
　　ハ　シリコンは、導電材料に適している。
　　ニ　陶磁器類は、絶縁材料に適している。

14　図の回路をブール代数式で記述した場合、正しいものはどれか。

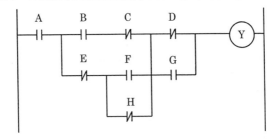

　　イ　$Y = A \cdot (B \cdot \overline{C} + \overline{E} \cdot F + \overline{H}) \cdot \overline{D} + G$
　　ロ　$Y = A \cdot (B \cdot \overline{C} + \overline{E} + F \cdot \overline{H}) \cdot \overline{D} + G$
　　ハ　$Y = A \cdot \{B \cdot \overline{C} + \overline{E} \cdot (F + \overline{H})\} \cdot (\overline{D} + G)$
　　ニ　$Y = A \cdot (B \cdot \overline{C} \cdot \overline{E} + F \cdot \overline{H}) \cdot (\overline{D} + G)$

[B群(多肢択一法)]

15 PID制御は、P動作、I動作及びD動作を含む制御方式であるが、D動作の説明として正しいものはどれか。
  イ 入力に比例する大きさの出力を出す制御動作
  ロ 入力の時間積分値に比例する大きさの出力を出す制御動作
  ハ 入力の時間微分値に比例する大きさの出力を出す制御動作
  ニ あらかじめ定められた順序又は手続きに従って制御の各段階を逐次進めていく制御動作

16 下図のうち、トランジスタ(ソース出力)タイプのものはどれか。(L：負荷)

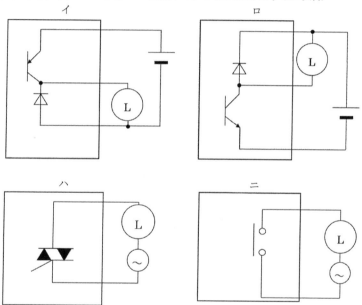

17 RFIDに関する記述のうち、適切でないものはどれか。
  イ タグに登録した情報を非接触で読み書きできる。
  ロ 交通系ＩＣカードに応用されている。
  ハ 電磁誘導式は電波式に比べ通信距離が短い。
  ニ 高温、多湿等、耐環境性に優れている。

18 制御動作を表現するものとして、適切でないものはどれか。
  イ フローチャート
  ロ タイムチャート
  ハ ガントチャート
  ニ シーケンシャル・ファンクション・チャート

19 下図の回路の機能を示す名称として、正しいものはどれか。

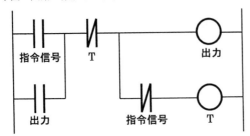

　　イ　オン・ディレイタイマ
　　ロ　オフ・ディレイタイマ
　　ハ　ワンショット
　　ニ　スキャンパルス

20 SFCのアクションクオリファイアの記号とその説明の組合せとして、誤っているものはどれか。

　　　　　記号　　　　説明
　　イ　　N　　　　非保持
　　ロ　　S　　　　セット(保持)
　　ハ　　R　　　　優先リセット
　　ニ　　T　　　　時間限定

21 RS-232Cに関する記述として、誤っているものはどれか。
　　イ　通信速度が規定されている。
　　ロ　シールドケーブルで配線したほうがよい。
　　ハ　長距離間で高速に通信する用途に適している。
　　ニ　シリアル通信である。

22 PLCの機能接地に関する記述として、誤っているものはどれか。
　　イ　他の機器の接地とは分離した専用接地とした。
　　ロ　接地工事は、電気設備技術基準のD種接地とした。
　　ハ　感電防止が目的でつながれた電動機接地との共用接地は避けた。
　　ニ　接地極は、PLCからできるだけ離し、接地線を長くした。

23 PLCによる制御システムに使用する電源ラインフィルタの機能として、正しいものはどれか。
　　イ　電源ラインの短絡電流を遮断する。
　　ロ　PLCの電源モジュールから発生する電磁波ノイズを抑制する。
　　ハ　電源ラインから侵入するノイズを抑制する。
　　ニ　停電によるPLCの誤動作を防止する。

[B群(多肢択一法)]

24 PLCの稼働率がA_1、PLCで制御されるインバータの稼働率がA_2のとき、この駆動システム全体の稼働率を表す式として、適切なものはどれか。

 イ $A_1 \times A_2$

 ロ $A_1 + A_2$

 ハ $1 / (A_1 \times A_2)$

 ニ $1 / (A_1 + A_2)$

25 PLCのDC入力モジュールにLED付きスイッチを接続したところ漏れ電流が4mAあり、入力信号がOFFしない。そこで下図のように抵抗Rを接続する場合の抵抗値として適切なものは次のうちどれか。

ただし、入力モジュールのOFF電流は1.5mA以下、入力インピーダンス2.4kΩとする。

 イ $1\,\mathrm{k}\Omega$

 ロ $2\,\mathrm{k}\Omega$

 ハ $4\,\mathrm{k}\Omega$

 ニ $6\,\mathrm{k}\Omega$

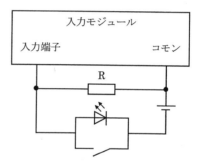

平成 30 年度 技能検定
1 級 電気機器組立て 学科試験問題
（シーケンス制御作業）

1. 試験時間　　1 時間 40 分
2. 問題数　　　50 題(A 群 25 題、B 群 25 題)
3. 注意事項
   (1)　　係員の指示があるまで、この表紙はあけないでください。
   (2)　　答案用紙(真偽法と多肢択一法の併用)に検定職種名、作業名、級別、受検番号、氏名を必ず記入してください。
   (3)　　係員の指示に従って、問題数を確かめてください。それらに異常がある場合は、黙って手を挙げてください。問題は A 群(真偽法)と B 群(多肢択一法)とに分かれています。
   (4)　　試験開始の合図で始めてください。
   (5)　　解答の方法(真偽法と多肢択一法の併用)は次のとおりです。
   　　　イ．　A 群の問題(真偽法)は、一つ一つの問題の内容が正しいか、誤っているかを判断して解答してください。
   　　　ロ．　B 群の問題(多肢択一法)は、正解と思うものを一つだけ選んで、解答してください。二つ以上に解答した場合は誤答となります。
   　　　ハ．　答案用紙(マークシート用紙)へ解答する際は、答案用紙に記載されている注意事項に従ってください。
   　　　ニ．　答案用紙の解答欄は、A群の問題とB群の問題とでは異なります。所定の解答欄に、試験問題の題数に応じて解答してください。解答欄は A 群は 50 題まで、B 群は 25 題まで解答できるようになっています。
   (6)　　電子式卓上計算機その他これと同等の機能を有するものは、使用してはいけません。
   (7)　　携帯電話等は、使用してはいけません。
   (8)　　試験中、質問があるときは、黙って手を挙げてください。ただし、試験問題の内容、漢字の読み方等に関する質問にはお答えできません。
   (9)　　試験終了時刻前に解答ができあがった場合は、黙って手を挙げて、係員の指示に従ってください。
   (10)　試験中に手洗いに立ちたいときは、黙って手を挙げて、係員の指示に従ってください。
   (11)　試験終了の合図があったら、筆記用具を置き、係員の指示に従ってください。

[A群(真偽法)]

1　ステッピングモータのステップ角とは、1パルス当たりの回転角である。

2　日本工業規格(JIS)によれば、一般用鉄工やすりは、目の粗さによって5種類に区分されている。

3　正規分布するデータは、統計的平均値±3σ（σは標準偏差)の範囲内に全体の100%のデータが含まれる。

4　クーロンの法則では、2つの磁極に働く力の大きさは、各磁極の強さの積に比例し、距離の2乗に反比例する。

5　力率とは、皮相電力に対する有効電力の比である。

6　日本工業規格(JIS)によれば、下記の図記号は、熱動継電器を表す。

7　バックラッシとは、一対の歯車をかみ合わせたときの歯面と歯面の隙間をいう。

8　増径タップは、一番タップのほうが二番タップよりも外径が大きい。

9　日本工業規格(JIS)によれば、スポット溶接とは「重ね合わせた母材を、先端を適正に整形した電極の先端で挟み、比較的小さい部分に電流及び加圧力を集中して局部的に加熱し、同時に電極で加圧して行う抵抗溶接。」と定義されている。

10　荷重方向のひずみは、縦ひずみである。

11　熱可塑性樹脂は、加熱により網状構造をつくって硬化する性質をもつ合成樹脂である。

12　電気用品とは、「電気事業法にいう一般電気工作物の部分となり、又はこれに接続して用いられる機械、器具又は材料」等であって政令で定めるものである。

13　労働安全衛生関係法令によれば、紙、布、ワイヤロープ等の巻取りロール、コイル巻等で労働者に危険を及ぼすおそれのあるものには、覆い、囲い等を設けなければならない。

14　ST言語は、演算、条件分岐など、処理を表現しやすい記号を命令語としてプログラミングする方式である。

15 PID制御のPIDは、Process、Information、Dataloggingの略である。

16 通信プロトコルとは、PLC間やPLCとパソコン間でデータをやりとりするときに必要な伝送媒体である。

17 透過型の光電スイッチは、光路上の被検出物を透過した光を検出するものである。

18 日本工業規格(JIS)によれば、ST言語の記述で演算の優先順位の上位のものを左から並べたものとして、以下は正しい。

   （上位）   （下位）
     乗算、　加算、　比較、　論理積、　論理和

19 SFCプログラムのトランジションには、活性(ACTIVE)と不活性(INACTIVE)との二つの状態がある。

20 日本工業規格(JIS)によれば、LD等の図式言語は、SFCの各要素との併用使用は認められていない。

21 ニーモニック方式とは、回路の論理状態を想定しやすいように簡略化した単語や記号を命令語としてプログラムする方式である。

22 金属製の電線管を用いて交流の電源線を配線するときは、1回路の電線を1本ずつ別々の電線管に入れる。

23 保護接地とは、電気機器の故障などにより生じた電位を接地電位に保つ接地である。

24 アルミ電解コンデンサの寿命は使用温度に依存し、常に、使用温度が10℃高くなると寿命は2倍に延び、10℃低くなると1/2になる特性がある。

25 MTBF(Mean Time Between Failures)は、値が小さいほど信頼性が高いシステムと言える。

[B群(多肢択一法)]

1 一般に機器内配線の直流制御回路に使われる色はどれか。
    イ 青
    ロ 緑
    ハ 黒
    ニ 水色

2 変圧器のコイルで、導体を多数並列に重ねて一巻きごとに絶縁物を入れ、らせん状に巻いたものは、次のうちどれか。

    イ 円筒コイル
    ロ 円板コイル
    ハ ヘリカルコイル
    ニ 長方形板状コイル

3 日本工業規格(JIS)によれば、電気絶縁材料について、指定文字と耐熱クラス[℃]の組合せとして、誤っているものはどれか。

	指定文字	耐熱クラス[℃]
イ	A	105
ロ	E	115
ハ	B	130
ニ	F	155

4 本尺目盛が1mm単位で、副尺は49mmを50等分した目盛を持つノギスの最小読取単位mmとして、正しいものはどれか。
    イ 0.005
    ロ 0.01
    ハ 0.02
    ニ 0.04

5 定格電圧が150Vで1.5級の電圧計を使用して電圧を測定したところ、100Vを示した。真の電圧範囲として、正しいものはどれか。
    イ 99.75～100.25V
    ロ 98.50～101.50V
    ハ 97.75～102.25V
    ニ 97.50～102.50V

6 極数が4、周波数が50Hz、すべり2%の三相誘導電動機の回転速度Nとして、正しいものはどれか。
    イ 1500min^{-1}
    ロ 1470min^{-1}
    ハ 1600min^{-1}
    ニ 1800min^{-1}

7 一般用低圧かご形誘導電動機の回転速度・トルク特性曲線はどれか。

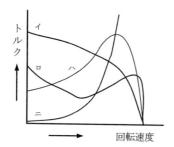

8 次の見取図を第三角法で投影した図として、適切なものはどれか。

見取図

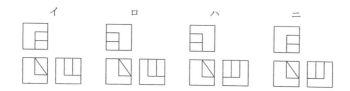

9 一般的な機械式マイクロメータの基本原理として、適切なものはどれか。
    イ ねじの送り量が回転速度に比例する。
    ロ ねじの送り量が回転速度に反比例する。
    ハ ねじの送り量が回転角度に反比例する。
    ニ ねじの送り量が回転角度に比例する。

[B群(多肢択一法)]

10　下図に示すαとβの組合せで正しいものはどれか。
　　　イ　α：せん断角　β：逃げ角
　　　ロ　α：逃げ角　　β：せん断角
　　　ハ　α：すくい角　β：逃げ角
　　　ニ　α：すくい角　β：せん断角

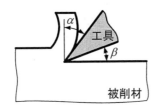

11　金属材料の残留応力に関する説明として、適切なものはどれか。
　　　イ　材料を長い間保管できるようにあらかじめ鍛えるための応力
　　　ロ　材料取りで余った材料を集めて出てきた価値
　　　ハ　熱処理後などに材料内部に残った応力
　　　ニ　材料変形が不十分なときに、それを補うために後で加える応力

12　半導体材料であるリン化インジウムの化学式として、適切なものはどれか。
　　　イ　GaN
　　　ロ　BP
　　　ハ　ITO
　　　ニ　InP

13　発光ダイオードなどの半導体材料であるGaAsの元素の組合せとして、適切なもの
　　はどれか。
　　　イ　ガリウムとアルミニウム
　　　ロ　ゲルマニウムとイオウ
　　　ハ　ガリウムとヒ素
　　　ニ　ゲルマニウムとアルゴン

14　PID制御において、プロセス変量を示す略語として、正しいものはどれか。
　　　イ　MV
　　　ロ　SP
　　　ハ　PV
　　　ニ　CV

[B群(多肢択一法)]

15 次のうち、ブール代数式と等価のプログラムとして、正しいものはどれか。

$$Y = \overline{(A+B) \cdot (C \cdot D)}$$

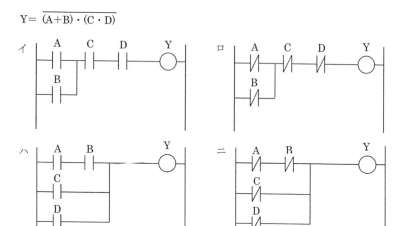

16 出力部の選定・使用に関する記述として、誤っているものはどれか。
イ CR式サージ吸収器付接点出力を使用し、交流の微小負荷を駆動させた。
ロ 出力機器側にダミー抵抗をつけ、漏れ電流対策を施した。
ハ トランジスタ出力は、過大な突入電流により破壊されることがある。
ニ トライアック出力を使用し、交流の誘導負荷を接続した。

17 90°位相差の2相パルスのロータリエンコーダで、「逓倍」処理ができないものはどれか。
イ 基本
ロ 2逓倍
ハ 3逓倍
ニ 4逓倍

18 日本工業規格(JIS)によれば、LD言語におけるコイル記号と意味の組合せとして、規定されていないものはどれか。

	コイル記号	意味
イ	----------( )----------	コイル
ロ	----------(P)----------	立上り検出コイル
ハ	----------(N)----------	立下り検出コイル
ニ	----------(M)----------	転送命令コイル

［B群(多肢択一法)］

19 FB(Function Block)に関する説明として、誤っているものはどれか。
　　イ　FBは、内部状態の情報はもたない。
　　ロ　FBは、Instanceと呼ばれるコピーを作ることができる。
　　ハ　FBは、入力パラメータや出力パラメータをもつことができる。
　　ニ　FBは、ラダー図言語で使用できる。

20 下図の回路の機能として、適切なものはどれか。

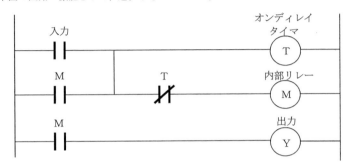

　　イ　オンディレイタイマ
　　ロ　オフディレイタイマ
　　ハ　モノステーブル
　　ニ　スキャンパルス

21 PLCシステムのノイズ対策として、適切でないものはどれか。
　　イ　誘導負荷にサージキラーを接続する。
　　ロ　開閉時にアークを発生する機器とは離す。
　　ハ　電源線や入出力線は、動力線と並行配線する。
　　ニ　電源線は、密にツイストし最短で引き回す。

22 ネットワーク用のケーブルとして、次のうち電気的ノイズの影響を最も受けにくいものはどれか。
　　イ　同軸ケーブル
　　ロ　光ファイバケーブル
　　ハ　ツイストペアケーブル
　　ニ　シールドケーブル

23 PLCの接地に関する記述として、適切でないものはどれか。
　　イ　他の機器の接地とは分離した専用接地とした。
　　ロ　接地工事は電気設備技術基準のD種接地とした。
　　ハ　感電防止を目的とする多くの機器がつながれた接地極への接地は避けた。
　　ニ　接地点はPLCからできるだけ離し接地線を長くした。

24 E_{max}を脈動電圧の最大値、E_{min}を脈動電圧の最小値、E_{mean}を脈動電圧の平均値とした場合、脈動する直流電圧のリップル率(%)は、どのようにして求めるか。

イ $\{ (E_{max} - E_{min}) \div E_{mean}\} \times 100$

ロ $\{ (E_{max} - E_{mean}) \div E_{min}\} \times 100$

ハ $\{ (E_{min} - E_{mean}) \div E_{min}\} \times 100$

ニ $\{ (E_{mean} - E_{min}) \div E_{max}\} \times 100$

25 瞬時停電の要因として、適切でないものはどれか。

イ 外部機器DC電源のリップル率増加

ロ 落雷の影響

ハ 電源モジュールの寿命

ニ 一時的な過負荷

電気機器組立て

正解表

令和元年度　2級　実技試験（計画立案等作業試験）正解表
電気機器組立て（シーケンス制御作業）

問題番号	正　解
1	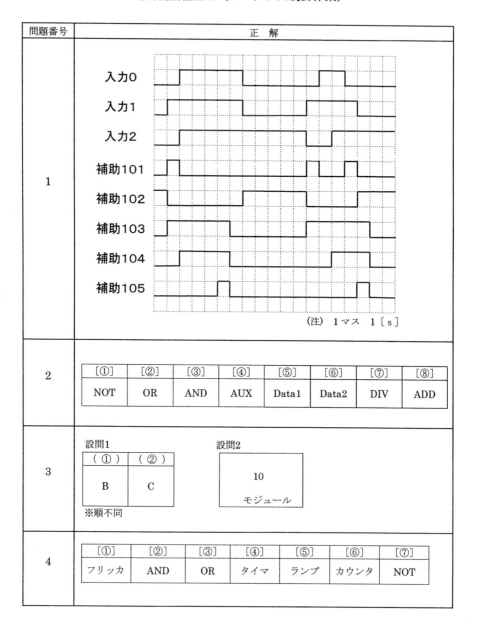

（注）　1マス　1［s］

2

［①］	［②］	［③］	［④］	［⑤］	［⑥］	［⑦］	［⑧］
NOT	OR	AND	AUX	Data1	Data2	DIV	ADD

3

設問1

（①）	（②）
B	C

※順不同

設問2

10
モジュール

4

［①］	［②］	［③］	［④］	［⑤］	［⑥］	［⑦］
フリッカ	AND	OR	タイマ	ランプ	カウンタ	NOT

平成30年度　2級　実技試験（計画立案等作業試験）正解表
電気機器組立て（シーケンス制御作業）

問題番号	正　解
1	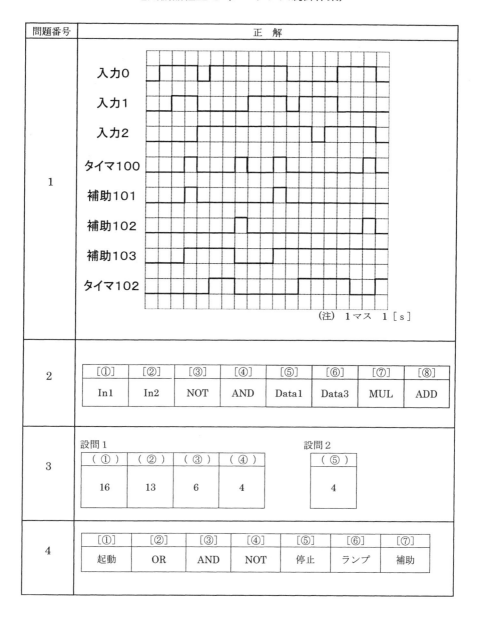

入力0
入力1
入力2
タイマ100
補助101
補助102
補助103
タイマ102

（注）1マス　1[s]

2

[①]	[②]	[③]	[④]	[⑤]	[⑥]	[⑦]	[⑧]
In1	In2	NOT	AND	Data1	Data3	MUL	ADD

3

設問1

（①）	（②）	（③）	（④）
16	13	6	4

設問2

（⑤）
4

4

[①]	[②]	[③]	[④]	[⑤]	[⑥]	[⑦]
起動	OR	AND	NOT	停止	ランプ	補助

問題番号	正　解
1	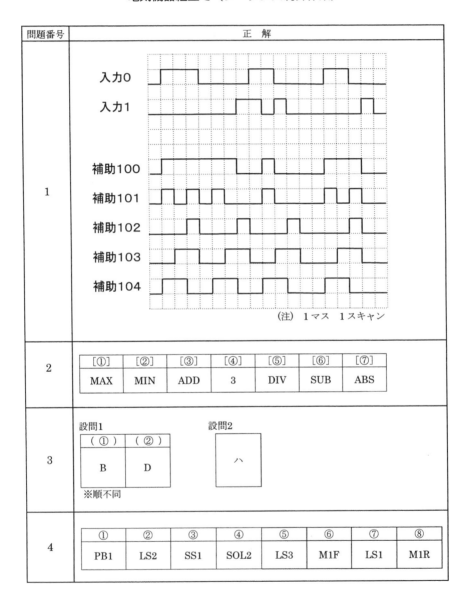

（注）1マス　1スキャン

2

[①]	[②]	[③]	[④]	[⑤]	[⑥]	[⑦]
MAX	MIN	ADD	3	DIV	SUB	ABS

3

設問1

（①）	（②）
B	D

※順不同

設問2

ハ

4

①	②	③	④	⑤	⑥	⑦	⑧
PB1	LS2	SS1	SOL2	LS3	M1F	LS1	M1R

平成30年度　1級　実技試験（計画立案等作業試験）正解表
電気機器組立て（シーケンス制御作業）

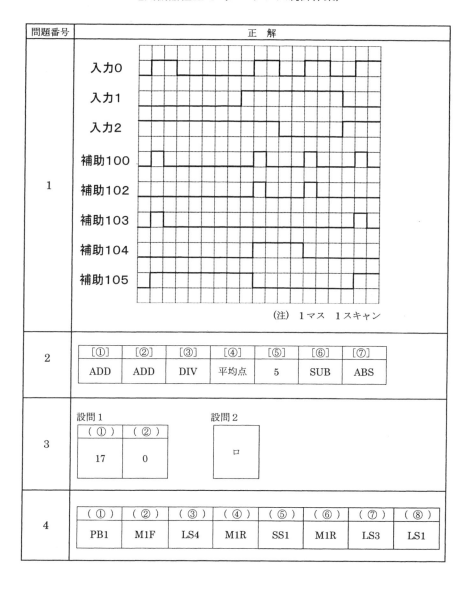

問題番号	正　解
1	入力0 入力1 入力2 補助100 補助102 補助103 補助104 補助105 （注）1マス　1スキャン

2

[①]	[②]	[③]	[④]	[⑤]	[⑥]	[⑦]
ADD	ADD	DIV	平均点	5	SUB	ABS

3

設問1

（①）	（②）
17	0

設問2

ロ

4

（①）	（②）	（③）	（④）	（⑤）	（⑥）	（⑦）	（⑧）
PB1	M1F	LS4	M1R	SS1	M1R	LS3	LS1

平成31年度　2級　学科試験正解表
電気機器組立て（配電盤・制御盤組立て作業）

真偽法

番号	1	2	3	4	5
正解	X	X	○	X	○

番号	6	7	8	9	10
正解	X	X	X	○	X

番号	11	12	13	14	15
正解	X	X	○	○	○

番号	16	17	18	19	20
正解	○	X	○	○	○

番号	21	22	23	24	25
正解	○	○	○	○	X

択一法

番号	1	2	3	4	5
正解	ハ	ニ	ハ	ロ	イ

番号	6	7	8	9	10
正解	ニ	ハ	ハ	ロ	ロ

番号	11	12	13	14	15
正解	ロ	ハ	ロ	ハ	ハ

番号	16	17	18	19	20
正解	ニ	イ	イ	イ	イ

番号	21	22	23	24	25
正解	ロ	ニ	ニ	ロ	ロ

平成30年度　2級　学科試験正解表
電気機器組立て（配電盤・制御盤組立て作業）

真偽法

番号	1	2	3	4	5
解答	X	○	○	○	X

番号	6	7	8	9	10
解答	X	○	○	X	○

番号	11	12	13	14	15
解答	X	X	○	X	○

番号	16	17	18	19	20
解答	X	○	X	X	○

番号	21	22	23	24	25
解答	X	X	X	X	○

択一法

番号	1	2	3	4	5
解答	ハ	ロ	ロ	ロ	イ

番号	6	7	8	9	10
解答	イ	ハ	ロ	イ	ロ

番号	11	12	13	14	15
解答	ロ	ニ	ロ	ロ	ニ

番号	16	17	18	19	20
解答	ハ	ニ	ハ	ニ	イ

番号	21	22	23	24	25
解答	イ	ニ	ロ	イ	イ

平成 31 年度　1級　学科試験正解表
電気機器組立て（配電盤・制御盤組立て作業）

真偽法

番号	1	2	3	4	5
正解	○	×	×	○	×

番号	6	7	8	9	10
正解	×	×	○	×	○

番号	11	12	13	14	15
正解	○	○	○	○	○

番号	16	17	18	19	20
正解	×	×	○	×	○

番号	21	22	23	24	25
正解	×	○	○	×	○

択一法

番号	1	2	3	4	5
正解	イ	ニ	ロ	ハ	ハ

番号	6	7	8	9	10
正解	ロ	ロ	ハ	ロ	ハ

番号	11	12	13	14	15
正解	イ	ハ	イ	ロ	ロ

番号	16	17	18	19	20
正解	イ	ハ	ロ	ロ	ニ

番号	21	22	23	24	25
正解	ハ	ニ	イ	ハ	ロ

平成 30 年度　1級　学科試験正解表
電気機器組立て（配電盤・制御盤組立て作業）

真偽法

番号	1	2	3	4	5
解答	○	×	×	○	○

番号	6	7	8	9	10
解答	○	×	×	×	○

番号	11	12	13	14	15
解答	○	○	○	×	○

番号	16	17	18	19	20
解答	×	×	×	○	×

番号	21	22	23	24	25
解答	○	○	×	○	×

択一法

番号	1	2	3	4	5
解答	ハ	ハ	ニ	ハ	ロ

番号	6	7	8	9	10
解答	ロ	イ	ハ	ニ	ニ

番号	11	12	13	14	15
解答	イ	イ	ハ	ハ	イ

番号	16	17	18	19	20
解答	ハ	ニ	ハ	ロ	ハ

番号	21	22	23	24	25
解答	ニ	ニ	ニ	ロ	ハ

令和2年度　2級　学科試験正解表
電気機器組立て（シーケンス制御作業）

真偽法

番号	1	2	3	4	5
正解	○	×	○	○	×

番号	6	7	8	9	10
正解	○	×	×	○	×

番号	11	12	13	14	15
正解	○	○	○	○	×

番号	16	17	18	19	20
正解	○	×	○	×	×

番号	21	22	23	24	25
正解	○	×	×	×	○

択一法

番号	1	2	3	4	5
正解	ニ	ロ	ニ	イ	ハ

番号	6	7	8	9	10
正解	ロ	イ	イ	ハ	ロ

番号	11	12	13	14	15
正解	イ	イ	ニ	ハ	イ

番号	16	17	18	19	20
正解	ロ	ハ	ロ	ニ	ニ

番号	21	22	23	24	25
正解	ロ	イ	ハ	ニ	ハ

令和元年度　2級　学科試験正解表
電気機器組立て（シーケンス制御作業）

真偽法

番号	1	2	3	4	5
正解	×	○	×	×	○

番号	6	7	8	9	10
正解	○	×	×	○	×

番号	11	12	13	14	15
正解	○	○	×	○	○

番号	16	17	18	19	20
正解	×	×	×	○	×

番号	21	22	23	24	25
正解	○	×	○	×	○

択一法

番号	1	2	3	4	5
正解	イ	ハ	ニ	ロ	ロ

番号	6	7	8	9	10
正解	イ	ロ	ロ	イ	ロ

番号	11	12	13	14	15
正解	ニ	ハ	イ	ロ	ニ

番号	16	17	18	19	20
正解	ニ	ハ	イ	ハ	イ

番号	21	22	23	24	25
正解	ハ	ニ	ロ	ニ	イ

平成30年度　2級　学科試験正解表
電気機器組立て（シーケンス制御作業）

真偽法

番号	1	2	3	4	5
正解	X	O	X	O	O

番号	6	7	8	9	10
正解	X	O	O	O	O

番号	11	12	13	14	15
正解	O	O	X	O	O

番号	16	17	18	19	20
正解	O	O	X	O	X

番号	21	22	23	24	25
正解	X	X	X	O	X

択一法

番号	1	2	3	4	5
正解	ハ	イ	ハ	イ	ニ

番号	6	7	8	9	10
正解	ハ	イ	ニ	ニ	ロ

番号	11	12	13	14	15
正解	ハ	イ	ロ	ハ	ニ

番号	16	17	18	19	20
正解	ロ	ロ	ロ	ニ	ハ

番号	21	22	23	24	25
正解	ハ	ロ	イ	ロ	ニ

令和2年度　1級　学科試験正解表
電気機器組立て（シーケンス制御作業）

真偽法

番号	1	2	3	4	5
正解	○	○	×	○	○

番号	6	7	8	9	10
正解	○	×	×	○	×

番号	11	12	13	14	15
正解	○	○	×	○	○

番号	16	17	18	19	20
正解	×	×	×	×	○

番号	21	22	23	24	25
正解	○	×	×	×	×

択一法

番号	1	2	3	4	5
正解	イ	ハ	ニ	ロ	ロ

番号	6	7	8	9	10
正解	ハ	ロ	ニ	イ	イ

番号	11	12	13	14	15
正解	ハ	イ	ニ	ロ	ニ

番号	16	17	18	19	20
正解	ハ	ニ	ハ	イ	ロ

番号	21	22	23	24	25
正解	ニ	ニ	ロ	ハ	イ

令和元年度　1級　学科試験正解表
電気機器組立て（シーケンス制御作業）

真偽法

番号	1	2	3	4	5
正解	×	○	×	○	○

番号	6	7	8	9	10
正解	○	○	○	×	×

番号	11	12	13	14	15
正解	○	○	×	×	×

番号	16	17	18	19	20
正解	×	×	×	×	×

番号	21	22	23	24	25
正解	×	×	○	○	○

択一法

番号	1	2	3	4	5
正解	ロ	イ	ニ	ニ	イ

番号	6	7	8	9	10
正解	ニ	ロ	ハ	ニ	ロ

番号	11	12	13	14	15
正解	ロ	ハ	ハ	ハ	ハ

番号	16	17	18	19	20
正解	イ	ニ	ハ	ロ	ニ

番号	21	22	23	24	25
正解	ハ	ニ	ハ	イ	イ

平成30年度　1級　学科試験正解表
電気機器組立て（シーケンス制御作業）

真偽法

番号	1	2	3	4	5
正解	○	×	×	○	○

番号	6	7	8	9	10
正解	○	○	×	○	○

番号	11	12	13	14	15
正解	×	○	○	○	×

番号	16	17	18	19	20
正解	×	×	○	×	×

番号	21	22	23	24	25
正解	○	×	○	×	×

択一法

番号	1	2	3	4	5
正解	イ	ハ	ロ	ハ	ハ

番号	6	7	8	9	10
正解	ロ	ハ	ニ	ニ	ハ

番号	11	12	13	14	15
正解	ハ	ニ	ハ	ハ	ニ

番号	16	17	18	19	20
正解	イ	ハ	ニ	イ	ハ

番号	21	22	23	24	25
正解	ハ	ロ	ニ	イ	イ

・本書掲載の試験問題及び解答の内容につい
てのお問い合わせ等には、一切応じられま
せんのでご了承ください。
・試験問題について、都合により一部、編集
しているものがあります。

平成30・令和元・2年度

1・2級 技能検定 試験問題集 75 電気機器組立て

令和3年8月 初版発行

監 修 中央職業能力開発協会

発 行 一般社団法人 雇用問題研究会

〒103-0002 東京都中央区日本橋馬喰町1-14-5 日本橋Kビル2階
TEL 03-5651-7071（代） FAX 03-5651-7077
URL http://www.koyoerc.or.jp

印 刷 株式会社ワイズ

223075

ISBN978-4-87563-674-8 C3000